飘来飘去的云 珍藏版

云南手绘旅行

苏三 著/绘

浙江科学技术出版社

前言

每到天气转凉，
候鸟就会南飞，
去寻找温暖的地方度过冬天。

上海漫长的冬天，
是我最难忍受的季节，
永远的铁灰色的天空，
仿佛世界末日。
突然间只有一个想法：
我要逃离上海，
我要去一个有阳光
和青草地的地方，
我要过一个可以舒展身体、
温暖的冬天。

于是，
我追随候鸟的方向，
拨开浓重的云团，
湛蓝的天空一望无际，
我好像翠湖上方盘旋的红嘴鸥，
找到了一处安乐的港湾。

两个月的时间不算长，
无法走遍云南的山山水水，
可是，我用自己的眼睛，
找到了属于我的秘密花园，
度过了最美好、最温暖的
一个冬天。

目录

前　言

又要出发啦！

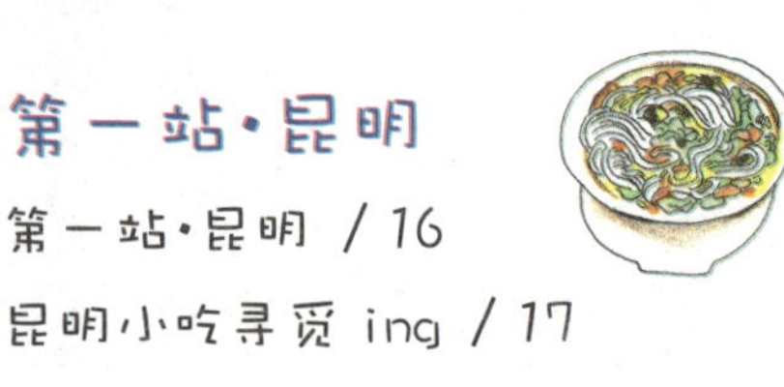

第一站·昆明

上帝遗落的调色板·东川

时光的天梯·元阳

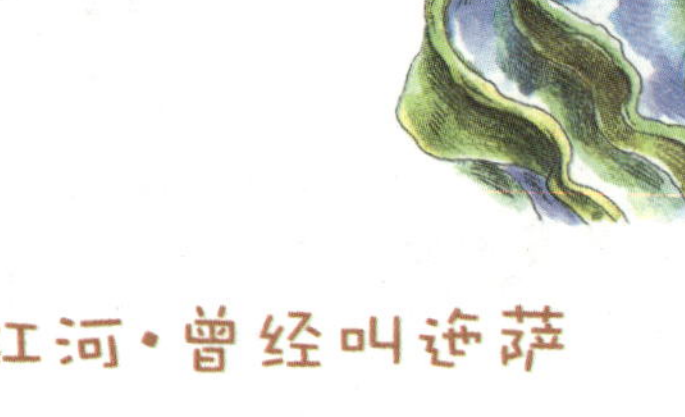

红河·曾经叫迤萨的那个地方

美丽的西双版纳

沧海桑田·恍然腾冲

最爱是大理

丽江的不靠谱时光

每一次出发，
都是兵荒马乱，
纠结并快乐着。

去不同的地方，
有不一样的期待。

这一次的旅程，
会有什么不一样呢？

又要出发啦!

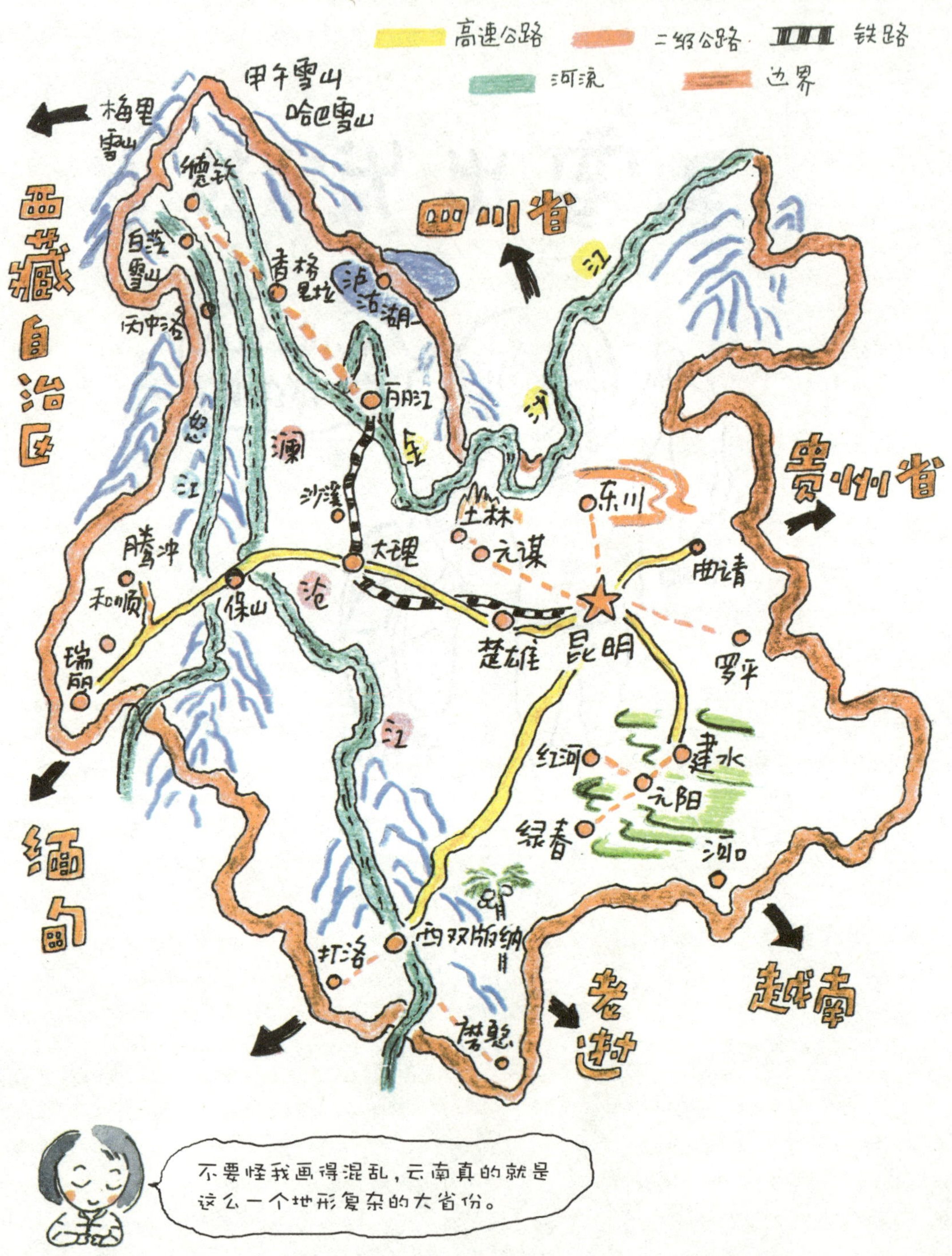

高速公路
二级公路
铁路
河流
边界
甲午雪山
哈巴雪山
梅里雪山
西藏自治区
德钦
白芒雪山
香格里拉
泸沽湖
四川省
丙中洛
丽江
金
沙
江
怒
江
澜
沧
江
沙溪
土林
元谋
东川
曲靖
贵州省
腾冲
和顺
瑞丽
保山
大理
楚雄
昆明
罗平
红河
建水
元阳
绿春
河口
缅甸
西双版纳
打洛
磨憨
老挝
越南
不要怪我画得混乱，云南真的就是这么一个地形复杂的大省份。

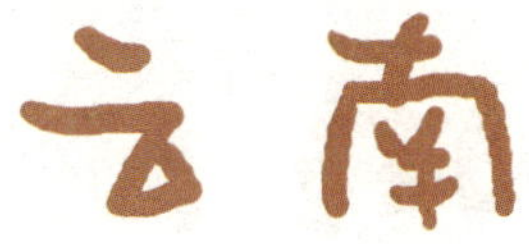

云南

该怎么描述云南呢?古老,神秘,秀丽,壮观……云南是一片辽阔的土地,大山、大江、大河……它的地理环境的复杂和多民族的生活方式,让人很难用单一的词汇来形容。这也是云南特殊的魅力,它的多样性让我环游了整个云南却始终充满新鲜感。即使在同一季节,西双版纳的椰子树遮天蔽日,香格里拉却是大雪封山,一派银装素裹;元阳的梯田刚刚新绿点点,东川的红土地却是收割油菜子的时候了。在丽江吃着腊排骨火锅,到了红河却只有烤豆腐和米线了。在腾冲瞻仰抗日英雄的陵园,为人性的光辉深深感动;到了梅里雪山却又忍不住拜倒在神山脚下,也许真的有神灵!傣族姑娘的妩媚,白族小伙的能歌善舞,哈尼人的善良好客,还有世故却不失天真的纳西人、外表粗狂却心思细腻的藏族人……

还是你们自己去看吧!

我的行程表

1. 上海—昆明　2. 昆明—东川　3. 东川—元阳
4. 元阳—红河　5. 红河—西双版纳　6. 西双版纳—腾冲
7. 腾冲—大理—双廊　8. 大理—丽江
9. 丽江—香格里拉　10. 香格里拉—梅里雪山

云南交通

处于重重山脉围绕中的云南,交通主要依靠汽车。虽然在几个主要旅游热点有机场,但是价格堪称昂贵。铁路更是少得可怜,由于要穿山而过,所以速度也很慢。所以在云南旅行,要做好乘坐漫长的长途客车的准备。不过,沿途美丽的风光会补偿你的辛苦。

又要出发啦！

1. 拉杆箱很没有"驴子"的腔调，可是实在很适合我这样的小个子女生。反正，本来我就是个懒散的游人。

2. 一个小小的双肩背包，适合三两天的邻近地区短途旅行。至于箱子嘛，就丢在客栈好了。

3. 一个斜挎的随身小包，存放证件和相机最方便了，而且安全性比较好。

每次出发，即使早做准备，也还是兵荒马乱的。总是不断把新物件塞进包里，又不断把前几天郑重放进去的东西取出来。那个纠结啊！到底哪些东西是非带不可的呢？

最重要的东西：防晒霜

云南地处高原，所以紫外线强烈，即使冬天也一定要用防晒霜。呃，我是失败案例。因为自以为冬天的阳光是没有威力的，结果被晒成了皮肤粗黑的老妪。

墨镜

如果是冬天，墨镜使用的几率倒是不大。可是在夏季，墨镜可就不单是耍帅的工具了。看雪山时不戴上墨镜，很容易伤到眼睛。

润唇膏和乳液

无论是哪个季节，云南都是十分干燥的，我曾经半夜干得抓破了自己的脸。所以保湿太重要了。

其他的一切因人而异，可是千万别忘记带上一颗充满好奇的心，这样才会有最美好的旅程。

理理又是一大堆。因为云南地域辽阔，各处温差极大，
所以最后还是把一年四季的衣服都给带上了！

可脱卸的
轻薄
羽绒服

云南很温暖，
大多数时候我
都当背心穿就
OK了！

后背有
一只猫。

毛茸茸的
小外套，
短至腰部，
很俏皮的。

每次出门必带的
幽灵T恤，已经
被我穿得很旧了！

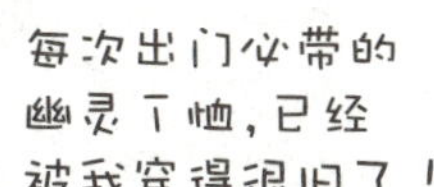

这次我们又要去
哪里玩呢？

我最
喜欢的
亮黄色
小熊T恤。

可惜
途中
丢失了！

唯一带的一件
毛衣，穿得太多，
回家发现被穿
破了！

如果不是打算
在长途客车
上过夜，
是没有必要
带睡袋的。

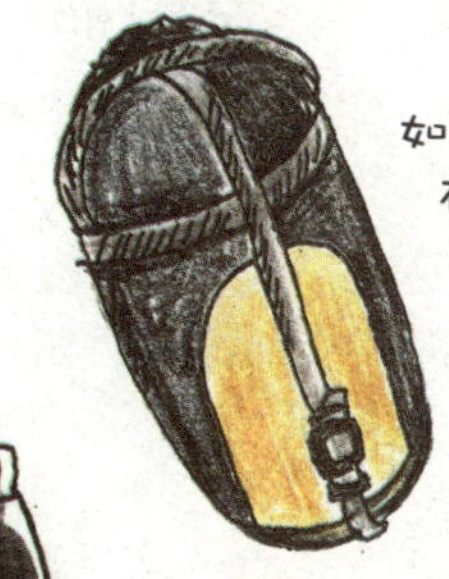

很舒适
的一条
裤子，
在西藏
爬山时
弄破了。

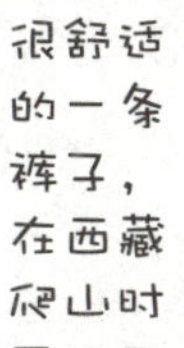

这次在云
南又新弄
破一处，
终于光荣
退休了。

很臃肿，可是轻便易
穿。里面还可以
套下很厚的裤子，这是
为了去香格里拉准备的。

当阳光铺满大地，
空气变得清澈透明的时候，
我就知道，昆明到了。

昆明是我在云南旅行的中转站，
这座城市从外表上看
和其他省会城市并无区别，
车水马龙，繁华忙碌，
可是在博物馆里，
在翠湖边上，
在小吃市场里，
在鲜花店里，
有另外一个昆明。

昆明的前世，
昆明的今生，
都是那么美好。

第一站 昆明

第一站·昆明

上海是块毛玻璃!

在火车上睡了两夜，吃了 N 包泡面，终于到昆明了。几年前来过云南，所以当我看到树格外碧绿、土格外鲜红、空气格外清透、阳光穿透玻璃、暖意十足……就知道昆明到了。因为一到昆明，我的视力似乎变好了，所有的东西都变得清晰起来。昆明空气的能见度这般高，显得上海的天空仿佛是一块毛玻璃。

脸上有一道很长的疤，看着有点凶。

和在网上事先约好的重庆男碰头。我们并不合拍，所以只是短暂的旅伴。

一直觉得昆明只是去云南各地的中转站，并没有什么好停留的。可是这一次，却发现昆明是个美好的城市，可以小住，甚至可以安家。

这次要走一些不那么常规的路线，独自行动有点害怕，可是在网上发的帖也罕有人回复，最终约了一个重庆的男生。和他碰头后便去青年旅舍入住。

驼峰国际青旅

昆明有三家有名的青年旅舍：驼峰、大脚氏、茶花。考虑到交通便捷，最终我还是选择了驼峰。

连房间的门牌都是驼峰航线。

驼峰的名字，源自“二战”时的驼峰航线。它是“二战”时期中国和盟军一条主要的空中通道，始于 1942 年，终于“二战”结束，为打击日本法西斯作出了重要贡献。

偷偷看到同屋美女老外手里拿的书，居然是学习中文的教材。

或许因为驼峰有一位合作人是老外的缘故，这里老外的数量远超过中国人，可以看到多种类型的外国帅哥美女们。我很喜欢驼峰，有一种很 open 的气氛，公共空间超大；多人间很宽敞，上下铺之间有很舒服的楼梯，不用像学生宿舍那样爬上爬下；还有超大的个人储物柜，私密性很好；洗澡水也很热……总之，我真是心满意足啊！

昆明小吃寻觅ing

传说中的过桥米线

到了云南，岂有不吃过桥米线的道理。几年前第一次到昆明时，专程打车去桥香园吃了过桥米线。那排场，可是把小吃给做大了。从来没想过，只是吃碗米线而已，菜式居然铺满了一大桌子。

关于过桥米线的传说大家都知道了，我就不说了，直接开吃！

米线分为粗细两种：细的较硬，粗的较为软糯。我喜欢吃软的，比较容易入味。

将桌上的一份份小菜倒入鸡汤中，过桥米线就OK啦！
倒菜的顺序是：
生鸡蛋→肉类→米线→蔬菜。

汽锅鸡

除了过桥米线，云南最出名的小吃就是汽锅鸡了。据说早在2000多年前，汽锅鸡就已经在滇南民间流传了。汽锅是建水出产的一种土陶蒸锅，是专门用来蒸食物的。所以，同理还可以做汽锅鸭、汽锅排骨，等等。

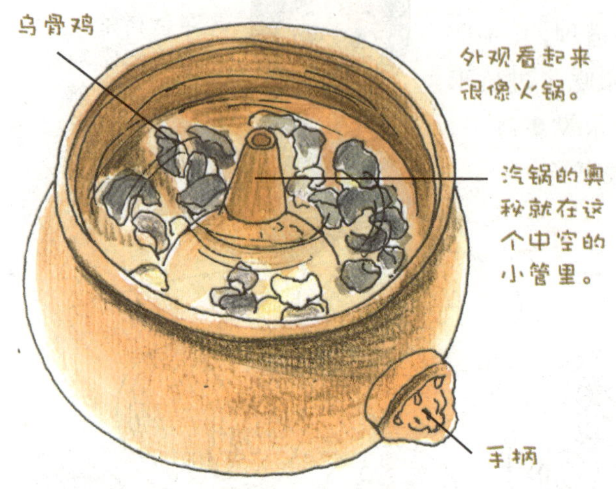

汽锅鸡的做法

将鸡洗净后再砍成小块，和姜、盐、葱一道放入汽锅内盖好。将汽锅置于一放满水的汤锅之上，再放到火上煮。汤锅的水开后，蒸汽就通过汽锅中间的汽嘴将鸡逐渐蒸熟（需3～4小时）。由于汤汁是蒸汽凝成的，鸡肉的鲜味在蒸的过程中丧失较少，所以基本上保持了鸡的原汁原味，而且汤很清淡，不会油腻，很适合女生喝。

饵丝

饵丝是饵块的一种。老实说，这是云南人民的最爱，却是我的噩梦。饵块系用优质大米加工制成，有大如圆饼状的，可以夹油条吃，也有切成小方块炒着吃的，还有就是饵丝，可炒可煮。唉，我就是吃不惯啊，吃不惯！

包浆豆腐

包浆豆腐的味道和炸臭豆腐有点像，虽然制作方法不同。臭豆腐是用油炸的，有特有的臭味；包浆豆腐却是用炭火慢慢烤出来的，香香的。吃起来两者有异曲同工之妙，都属于外焦里嫩型的。

罐罐米线

云南人爱吃米线，可是如果顿顿去桥香园那种地方吃，恐怕很快就要破产了。所以，有了小型的罐罐米线。就是把米线装在一个高 8 厘米左右无盖的小罐子里，另外还有汤、薄荷、臭豆腐等配料，放到烤架上加热。罐罐米线味道有些重，口味清淡的人还是不要尝试了。

红糖木瓜水

里面还有很小很 Q 的米制品，似乎叫凉虾。这个是我的大爱，凡是加了红糖的东西我都爱。

便宜又好吃的甜品

牛奶米

我就是被这个可爱的名字糊弄了，要了一份尝尝，没想到上来这么一大锅奶糊。乍尝之下，分明就是婴儿奶糊，又甜又腻。我愣是把它想象成双皮奶，才勉强吃掉一半。

婴儿奶糊

强烈不推荐 

冰粥

冰粥是我在昆明最爱的小吃，也是我最大的惊喜。

冰粥并不是把粥放到冰箱里冰冻过的产物，而是雪白的、薄如纸的冰片，一页页堆在碗里，加上葡萄干、芸豆、果脯、水果粒……最后再浇上柠檬汁。

冰粥入嘴即化，不会像冰沙一般吃起来“咯吱咯吱”的，既容易入味，又保持了冰的清爽感。我家门口不久前也开了一家冰粥店，可是味道完全不是那么回事，我被骗了！

消逝的古滇国

云南博物馆

除了吃，其实我也有附庸风雅的时候。

每到一个陌生的城市，我都要去看看那里的博物馆。世界越来越被同化，可是在博物馆里，还能看到这个地方前世的样貌。

云南省博物馆地址：昆明市五一路118号。

在这里小小地提醒一下：目前国内的博物馆都是免费的，只是有特展的时候才收费。在“云博”，如果不去特展的展厅，参观常规展厅都是免费的。

云南省博物馆在闹市区，可是一旦走入二楼的展厅，就会突然有一种与尘世隔绝的感觉，这才发现其实我对云南是一无所知的。在面积不大的展厅里，那个传说中的古滇王国，有些寂寞地展示着曾经的辉煌。

司马迁在《史记》中记载过这个2000多年前名叫“滇”的王国，只是它已被遗忘了许久。看到展厅里的展品，会不住在心底发出惊叹：“真是和我们中土大不一样啊！”其实我一直很怕看所谓民族风的东西，因为现在的民族风大多是从汉人的眼光出发，以汉人的审美为依据的。可是，那些2000年前的滇人所创造出的文明，是发自完全不同的审美，是完整的另一个民族的文明。那是一个叫人不能不惊叹的青铜时代。

云南省博物馆的镇馆之宝

这是李家山出土的最重要的文物——虎牛铜案（案是当时奢华的贵族们用来盛放祭品祭祀神灵或飨宴宾客的礼器）。非常有现代感的设计，不能用美来形容。嗯，真是太太太太美了。我完全词穷了。

公牛护犊，与老虎的拉锯战，取材自然，表现得极为生动。

每换一个角度，都有全新的感受。

云南省博物馆的展览条件远不如大城市博物馆，却有着非常贴心和专业的地方。比如青铜器上的纹饰有的很小，有的受腐蚀等因素的影响常会看不清楚，工作人员都按照器形放大，重新绘制出来，展示在墙上，方便观众参观。我觉得这样的方式比冷冰冰地展览要有意思得多。

羊角编钟

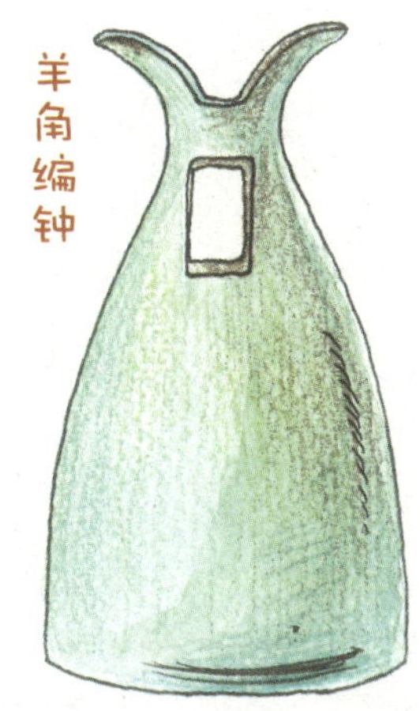

除了一些很有价值的青铜重器，我还很喜欢一些小物件。即使像我一样对古滇文明一无所知，也能从这些造型奇特的青铜器上读出许多远古的信息来。

持伞青铜俑

精致的编钟在其他博物馆里也常能见到，可是羊角造型我还是第一次看到，可见古滇人与自然的亲近关系。

鱼形雕塑

和我见惯的扁鼻子小眼睛俑不同，这尊人物俑是浓眉大眼的，古滇人大概长得就是这个样子吧？

伞可能是其他材质的，已经腐烂了。

我见过的最漂亮的鱼形雕塑，看着像鲫鱼。

飞天猪

这是我私下给它起的名字。

它长了太明显的猪鼻子，却有着两个外星人一样的小耳朵、猛犸象长牙般的角，实在太可爱了。

云南省博物馆像是一个巨大的藏宝洞，被我无意中发现，不想私藏，希望每一个去云南的人，都有机会去领略一下另一种文明。

东川的红土地被人们称为
“上帝遗落的调色板”。
其实，东川并不是上帝创造出来的，
它完完全全是东川的普通农民
日复一日辛苦劳作而创造出来的。

如果说“人民是最伟大的艺术家”
似乎有点肉麻，
可是这真的是我在东川的感觉。

在这里，总是不由自主地想到
《乱世佳人》里面的郝思嘉，
她对塔拉庄园的热爱，
土地赋予她生存的勇气。
东川，也能让你感受到土地的力量。

上帝遗落的调色板

东川

红土地地图

上帝遗落的调色板

在我看来，东川是个诡异的地方。它离昆明很近，却少有游客知道。可是，那里又是摄影爱好者的据点，有很多人去了无数次，乐此不疲。云南有着“红土高原”的称号。两年前我到云南时惊讶地发现，这里的土壤是赤红色的，回家后 google 了一下，就找到了这个叫东川的地方。据说这里有着云南最大面积、最壮观的红色土地，所以，这一次我把东川作为旅行的第一站。

云南的红土是在温暖湿润的环境中，土壤里的铁质经过氧化慢慢沉积下来而逐渐形成的。红土并不是单一的红色，大多数时候呈现的是一种赭红色和砖红色，在雨后的 3 天里颜色最为艳丽。这片土地被农人们开垦，依山顺势，划成一块块的，随意种植着油菜、马铃薯和小麦。在这种漫不经心、随意的种植方式下，一座座山头上，作物与红土交织形成美丽和谐的曲线、五彩缤纷的图案和色彩交错的板块，随着季节的变换而不断变化着。11 月虽然已是深秋季节，这里却还有新种下的作物。土地颗粒状的质感和新发芽的绿色植物，与东川特有的白色油菜花星星点点交织在一起，好像一块巨大的羊毛地毯，难怪这里被称为“上帝遗落的调色板”。其实，创造出这美好画卷的是这里辛勤劳作着的人们。

东川景区以花石头一带为中心辐射开去，各个景点比较分散，之间的距离也相对较远，需要包车前往，如果徒步的话可能需要几天的时间。当地人还是挺淳朴的，拦顺风车的成功率很高，当然前提是你要长得跟我一样面善。

红土地拍摄宝典 日出：打马坎、七彩坡、锦绣园、落霞沟。

日落：月亮田、乐谱凹、多依树。

交通

从昆明前往红土地有两条线路可供选择：一是经东川再到新田乡花石头村，路况好，但里程长，需要在东川城区转乘前往马街的班车；另一条是乘坐昆明至法者的班车，途经花石头村时下车即到，这条线路路况较差，需要走 5 个多小时，昆明客运站有前往法者的班车。

住宿

东川的红土地主要集中在新田乡花石头村方圆 15 公里的范围内。已经有了若干农家客栈，大多打着摄影者家园的旗号。因为几乎没有普通游客来这里，且摄影爱好者都能吃苦，所以客栈的条件都很一般。我们住在经营了有些年头的张开权摄影之家。

东川散步

在张开权家安放好行李，大家决定去附近徒步。但是徒步的计划被我变成了散步，因为我一出门就被田里漂亮的萝卜吸引了，然后是土豆，再然后是油菜花……样样都新鲜，简直就是名副其实的农家乐啊！

东川最著名的白色油菜花。在每年10月以后遍地开放，
仿佛积雪堆积在鲜红的土地上。
可惜在我来云南的前几天，这里下了一场大雪，
油菜花残了，直接变成油菜子了。

好不容易找到几株幸存的油菜花。

原来并不是纯白色的，还有点淡淡的紫色呢！

结满子的秸秆堆积在田地里，远看像是用画笔添加在红色画面上的白色小方块。

据说这种油菜子颗粒特别大，应该会榨出更多的油吧？

这个下午的散步，到达最远的地方是锦绣园。
这是东川景区中视野十分开阔，可以俯瞰红土地的地方。
黄昏时突然刮起大风，比珠峰上的风还要强，
我有瞬间飘移的感觉。
呜呜，这时候才觉得胖一点也挺好嘛！

逐日之旅

东川虽说到处是红土地，可是风景最佳的几个点都相隔甚远，旅游开发也并不完善，所以包车是最佳选择。来东川的人全是抱有要拍到伟大照片梦想的摄影爱好者，像我这样只是单纯想看风景的游客可能只有1%。也就是说，只有和摄影爱好者们拼车了。我们决定和同住张开权家的一群厦门大叔级别的摄影爱好者同行。我对第二天的行程充满了不祥的预感，果然……合不来啊！第二天清晨，5点45分出发，目的地：打马坎看日出（我觉得摄影爱好者都是夸父的后代）。好吧，一天的逐日之旅开始了。

气温在零度以下。我愚蠢地把羽绒服丢在昆明了，寒风呼呼地把我吹了个透心凉。

当遥远的天边出现一线曙光，群山渐渐变成蓝色剪影时，快门声便响成了一片。

可是……可是……云层太厚，太阳终于还是没有穿透过来，展现完美的圆形。我没敢说，其实我是一名日出杀手。一般由我等候的日出，结局通常就是天光大亮，太阳却还不知道在哪呢，这次也没例外。

天空越来越亮，最终雾气如烟，阳光隐在薄雾之后。我避过那些唠叨不已的摄影爱好者，找个角落独坐了一会儿。我倒是一点没觉得可惜。阳光弥散在薄雾中，重重山峦叫人心生敬畏，山凹间的小小村落渐渐醒来，第一缕炊烟升起，被冻僵的身体也渐渐有了暖意，其实早起是件美好的事情。打马坎即使没有日出，也是值得一来的地方。等摄影爱好者们充分发泄完失望之情后，我们又出发了！

在车中，一行人仍然在念叨不已，充分表达了对红土地的失望。他们希望看到摄影杂志中的画面，嫌土的颜色不够鲜艳。可是，在我看来，眼前的红土是一种深沉的红褐色，有一种冬天的沉静与温暖感。既然看不到鲜红的土地，为什么不好好欣赏现在的美呢？如果能拍出红土地不一样的美，不是也很好么？

一路上，有很多美丽的红土地，有着优雅的线条和漂亮的颜色，可是一行人急于赶往下一个著名景点，不肯停留。

为了保持团队精神，我只能告别了这些沿途美丽的小风景。我觉得他们很像相机的奴隶，我发誓，我此生再也不要和摄影爱好者一同旅行了！

每到一处，一行人就如同科考队员一般热烈讨论太阳的位置，以便确定要在什么时间赶来拍照，太阳公公恐怕今天会一直打喷嚏吧？通常讨论5分钟之后就拍上几张照片，再次赶往下一站，完全没有留下欣赏风景的时间。

趁着大家热烈讨论太阳的时候，我赶紧找一块草地躺下来，好好享受阳光。东川的昼夜温差非常大，日出之后就很温暖了，晒太阳好舒服啊！

我们的终点是落霞沟，也叫陷塘地，它是在崇山环抱中突然下陷的一块洼地。山体是蓝灰色与浅褐色的，土地由各种红色交织在一起，映衬着矮树的绿色，仿佛一块巨大的调色板。在最中心的位置有一个小小的村落，给人一种遗世独立的感觉。如果没有足够的时间看过所有的景点，我觉得只要来到落霞沟就足够了。红土地最美的线条与色彩都在这里了。

返程时大家决定经乐谱凹回客栈。这是一处非常有特色的景点。田地分割的线条流畅自然，很有流动的音乐美。附近还有很多小村庄。

穿越松林和村庄，
走回客栈的感觉真好。

张开权家的院子最里面有一个小房间，居然是一个小小的乡村酒吧。开酒吧的大叔原先是在这一带开车的司机，认识了许多摄影爱好者，也开始拿起相机拍照了。他极力推荐我去大羊街和甲寅，翻出好多照片给我看，还播放大羊街的纪录片。于是，我不靠谱的旅行计划中又多出了两个地方。也许，这就是旅行的乐趣所在吧？

在元阳，
面对哀牢山间如山如海的梯田，
会突然有一种时空穿梭的感觉。
元阳梯田，
就好像是一座时光的天梯，
带你回到了几百年前。

在陡峭的哀牢山中，
哈尼人的祖先为了生存，
开始开凿梯田。
经过祖祖辈辈的努力，
才有了今天如锦似绣的梯田。

看到元阳梯田，
我想，那个愚公移山的故事
可能是真的。

时光的天梯

元阳

至南沙
（元阳新县城）
新街
（元阳老县城）
这是一座建在山顶、看起来颇为破旧的小县城，像一个迷宫，是玩躲猫猫游戏的最佳场所。
龙树坝
金竹寨
这里至今尚未通班车，全是弹石路，可也有世外桃源般的幽静。
牛角寨
沙拉托
新建的民俗村，远看很漂亮。
土戈寨
箐口
坝达
胜村乡
有集的时候很热闹。牛肉特别好吃。
多依树
最为秀丽脱俗的一片梯田。
无法想象，壮观到……
（老虎嘴）
勐品
攀枝花乡
元阳的景点看起来很分散，但是景点间往来的车辆很多，招手即停，所以并不需要包车。用走路和拦车结合的方式，我觉得有更大的自由。
至绿春县
黄茅岭
哈播
整片梯田非常壮观，很有气势。这里的长街宴也很有名。
用脚就好了！
元阳梯田地图

时光的天梯

在元阳新县城南沙乘坐的班车渐渐进入到哀牢山中。从山脚下仰望梯田，它们宛如金字塔般高大厚重，而到达山顶，就会看到充满在大地之间的那些如潮水般汹涌而来的梯田。根本没有辞藻能够形容这如山如海般广阔无际的梯田，它们是哈尼人世世代代创造出的奇迹、在大地上雕刻出的画卷，那么深刻，又那么有生生不息的活力。我看过国外的大地艺术家用各种方式在大地上创造出美丽的图案，可是在哈尼人的梯田面前，那些大地艺术显得那般肤浅与单薄。哈尼人的梯田沉淀了几个世纪的时光，那几千级的梯田纵深到山脉深处，灌了水之后如同千万明镜重重叠叠，倒映着青山、白云、野菊花，日出日落光影变幻，云雨阴晴皆有变化，季节更迭也各有光景……在我心中，它可比长城更厉害。这是哈尼人的祖先为了生存，在不适合耕作的哀牢山中世代开耕出来的，可不是像长城之类动用了一国之力的政府行为。

在这里，人与自然没有谁征服了谁，哈尼人敬畏自然，也依赖自然。人们将村寨安放在山腰，每一个山寨的上方有着茂密的森林，既涵养水源，也提供了生活与灌溉用水；而村寨的下方便是层层相叠、纵横交错的梯田，为哈尼人提供了生活的保障。这简直是一个完美无缺的生态系统，是人与自然的良好合作，创造出这哈尼人世代生息繁衍的美丽家园。

梯田攻略

元阳梯田中最壮阔的是老虎嘴，最秀美的是多依树。日出时守候多依树的云雾，日落时在老虎嘴和坝达感受晚霞映照梯田的壮美。可是如果不是为了拍照，我觉得不需拘泥于这些，或许你还能看到与众不同的美妙风景。

旅游季节

元阳梯田最美的季节是每年12月至次年3月的春耕季节。那时，梯田放满了水，像重重叠叠的万千面镜子，倒映着蓝天青山、朝阳夕照，气势磅礴。

交通

去元阳的交通还是很方便的，从昆明有直达班车可以到达元阳的老县城新街，但是时间很长，要10小时左右。所以不赶时间的话，可以从昆明先到建水（建水的朱家花园很值得一住），次日再从建水到新街，会轻松很多。

住宿

新街有很多大大小小的宾馆。一般的小宾馆标间50元／间，但是卫生一般，设施陈旧。新开的梯田宾馆看起来很不错，标间100元／间。很可惜的是，元阳至今没有青年旅舍。

吃遍一条街·绿春长街宴

元阳梯田多分布在新街到绿春沿线，今天我们就要沿着这条梯田风景线，直奔绿春，去看哈尼人的长街宴。重庆男是少数民族风情的热烈爱好者，而我是奔着吃去的。

重庆男一看到穿民族服装的美女，就强烈要求拍照，累死我了。这位美女身上的衣服要800块呢！

哈尼人过新年，附近十里八乡都要把自家最好的菜准备好，大家一字排开长长的流水席，共同庆祝新年的到来，这就是长街宴。

（话说我今年过了若干个年：11月初哈尼人的新年，12月24日大理的平安夜，12月30日在双廊的跨年，1月1日在丽江，农历新年总算在上海过了。）

哈尼人的各个乡和县过节的日子并不相同。他们把新年叫做十月节。他们在自己的历法中的十月里挑选个日子，就可以开始摆席开宴过新年了。我们正好赶上的是绿春县的长街宴。

绿春这名字太好听了，叫人不由得有种眼前清亮的感觉。可是绿春县城叫我很有些失望，这是一座簇簇新的县城，毫无特色……错了，还是有特色的，那就是旅馆之县，这是我见过的旅馆最多的县城。不过开设长街宴倒是甚为合适，因为县城有一条长长的街道，贯穿了全县，曾经因为开设了2441桌的长街宴而入了吉尼斯纪录。其实我并不在乎桌数的多少，在古朴的小乡村里，看到村民乐在其中就够了。

街道上很有过年的气氛，女生们穿着节日的大红盛装，一群男生在吹着牛角号，集市里挤得满满的，居然还有很多越南、缅甸的商人在摆摊。旅馆老板卖给了我们长街宴的票子，每人80元，其实后来我发现，完全不需要买票。

是真的牛角哦！需要很大的肺活量才可以吹响。

长街宴开始，表演的队伍不断，跳舞的，打鼓的，煞是热闹，不过表演者几乎都是中老年人。重庆男冲进他们的队伍跳舞去了，而我更喜欢看的是打粑粑的表演，因为既好玩又能吃。

新年里来抢粑粑

打粑粑就是把煮好的糯米置于一个木槽里，用木杵拼命捣，以增加糯米的黏性和韧性。看起来需要非常大的力气才可以。原本是一男一女合作，很快女生就被其他男生换了下去，因为她没力气了。

我还没有反应过来，一眨眼，人们全扑向了木槽。原来，接下来要抢粑粑了。那个真不像是表演，因为大家都是很投入地在抢，完全就是橄榄球运动员抢球的架势，或许……抢到新年的第一块粑粑是会有好运的。

我以迅雷不及掩耳之势被挤到了人群外围。

等到人群散掉，打粑粑的年轻人居然拿着一大块粑粑在跟几个美女分享，我抱着一定要尝尝味道的决心，厚着脸皮找他要了一块。

果然很好吃，有一丝丝的甜味，非常有弹性。唉，现代机器生产的玩意儿真的是跟纯手工的不能比。我们桌的大叔见我拿着那么大块粑粑，以为我是靠一己蛮力抢到的，十分钦佩，我也不予点破。

长街宴所用的桌子是当地人自家提供的竹子编的小矮桌，所以在桌底都会写上主人的名字。这家主人的名字实在很可爱。

表演虽然热闹，其实我还是更关心菜式。

牛肉丝和姜丝捣碎后一起炒的类似肉松的菜，很好吃。

咸鸭蛋，虽然普通，却是过年必吃的。

大肥肉

豆腐圆子，里面有一点点肉末，味道还不赖。

类似我小时候吃的油炸龙虾片。

油煎小鱼

竹虫。据说是在竹子里生活的小虫，油炸后金黄色，又脆又香。

老实说，长街宴上没什么特别好吃的东西，也就是图个热闹吧！

长街宴上，每桌都有一个主人、四个客人。我们桌的主人是个哈尼大叔，老婆却是一个漂亮的傣族姑娘。在云南，各个民族聚居在一起，互相融合，十分普遍。既然是宴席，就一定有酒。从长街宴的第一桌开始，人们举起酒杯，中气十足地叫“多～撒”（干杯的意思）。接下来便成了“多撒”的接龙游戏，众人纷纷起身，从宴席的起头绵延到最后一桌，如果是俯瞰，应该很像一条起伏的龙。

我觉得长街宴的精髓就是四处游走讨吃的。几轮敬酒之后，大家纷纷离席，去别的桌凑热闹。其实压根不用买什么票，这时候来的都是客，只要带着一双筷子，就能吃遍长街。兴致来了，大家就跑到马路中央跳舞嬉闹。我顺着人流在长街上游走，有点微醺，艳丽的晚霞和城市里的点点灯光相互映衬，真是个美好的新年啊！

元阳梯田徒步记

从绿春到元阳的老县城新街，沿途全是梯田，我们按捺不住，干脆步行。

11月的元阳，金黄色的山菊花遍野。其实我老家也有这种菊花来着，只是什么植物到了云南，有了更好的阳光，就会变成巨大的形态，搞得我都不敢相认了。
那些沿路的山菊花高过我头，如锦似缎，走在其间，有种莫名的跃跃欲试的心情。随便拨开一处草丛，就是一片梯田。

在正午的强烈阳光下，深谷之中，水光耀眼，梯田呈现出纵横的黑色线条。眼前完全就是一幅拼图游戏，从不同角度观看会呈现出不同的图案。虽然早看过图片资料，但现场版还是足够惊人的。

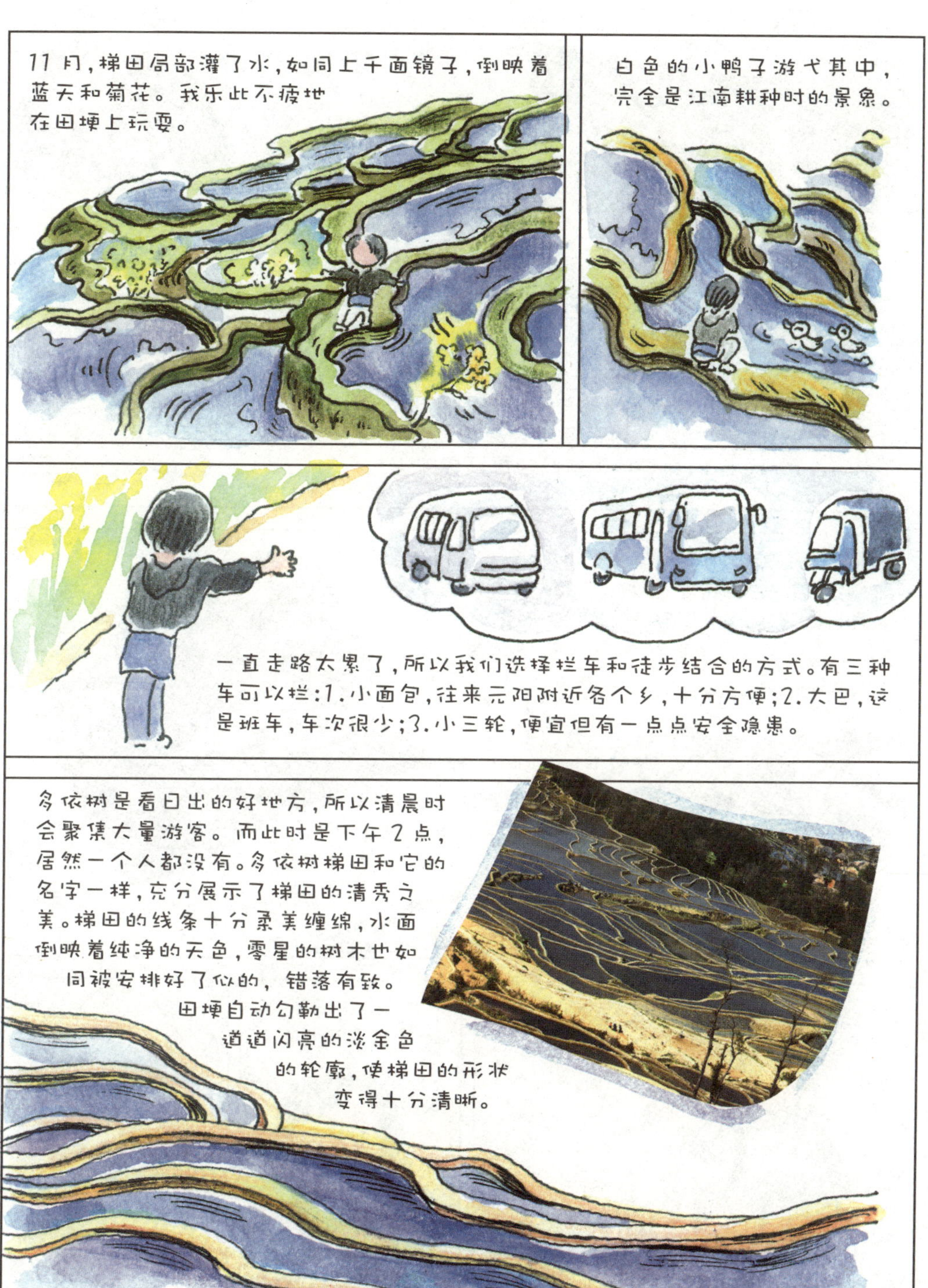
11月，梯田局部灌了水，如同上千面镜子，倒映着蓝天和菊花。我乐此不疲地在田埂上玩耍。
白色的小鸭子游弋其中，完全是江南耕种时的景象。
一直走路太累了，所以我们选择拦车和徒步结合的方式。有三种车可以拦：1.小面包，往来元阳附近各个乡，十分方便；2.大巴，这是班车，车次很少；3.小三轮，便宜但有一点点安全隐患。
多依树是看日出的好地方，所以清晨时会聚集大量游客。而此时是下午2点，居然一个人都没有。多依树梯田和它的名字一样，充分展示了梯田的清秀之美。梯田的线条十分柔美缠绵，水面倒映着纯净的天色，零星的树木也如同被安排好了似的，错落有致。田埂自动勾勒出了一道道闪亮的淡金色的轮廓，使梯田的形状变得十分清晰。

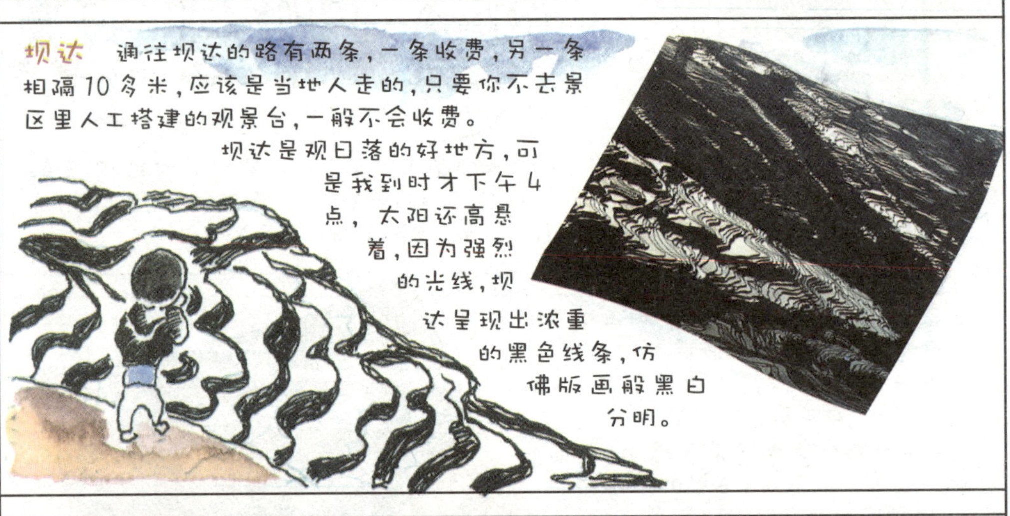

我要去怒江徒步了。再见！

重庆男觉得梯田已经看够了，决定先离开。

一个人吃饭果然还是有点孤单的。

可是由于莫名其妙的乐观天性，我对一个人的旅程又充满了新的期待。

山顶上的小城新街

新街是元阳的老县城，占据了哀牢山脉中的一座小山头。因为泥石流的关系，县政府被搬到了山下的南沙，于是新街成了一座仍然停留在20世纪80年代的小城，隐约有贾樟柯电影的味道。

我很喜欢新街，并不因为它陈旧，而是因为这里有一种悠然世外的感觉。县城盘山而上，有许多小巷道和隐藏在民居中的小台阶，形成了上山的捷径。它们宛如巨大的迷宫，躲猫猫的话一定很好玩。

哈尼女生都爱这样的五彩披肩，上面绣满了繁复的图案。在集市上经常能看到卖东西的妇女手里还不停地绣着花，真正的手工活哦！屁股后两片垂下的菱形布片，是当地哈尼族服装的一大特点。

背篓非常管用，不仅可以装菜，还可以用来背孩子。

哈尼人至今仍然穿着他们的民族服饰生活劳作，只是微笑着看我们这些游客来来往往，却并没有受到太大的影响。在新街，哈尼人仍然保持着自己的传统，虽然大多数人不会说普通话，交流起来略有困难，但是有微笑和手势就OK了。

在新街的小吃摊上最常见的就是火烧小豆腐。我觉得应该叫烤豆腐。它是将鲜豆腐切成小块后，撒盐，直至变成半臭的小豆腐块，再放在铁板上，用炭火烧烤。烤熟后小豆腐块就鼓胀起来，可蘸上用酱油或蒜油、辣椒面、味精等配成的调料食用。我觉得味道略输油炸臭豆腐。

烤豆腐

这是整个元阳红河地区最流行的小吃。

最爱野梯田

我把路边那些没有被取上名字、围起墙垒的梯田都称为野梯田。

我喜欢那些没有被围起围墙而成为景点的野梯田。不只是因为不收费，而是觉得那些梯田更加真实自然。没有挤满长枪短炮的相机，也没有一直追着要卖你明信片的当地村民。可以自如行走在梯田间，宛如置身在长长的梯田画卷中，感受哈尼人的日常生活。

早就瞄准了一块野梯田，介于新街和坝达之间，在临走前的傍晚特地跑过去。叫了辆三轮车，因为记不清具体地址，干脆说："带我去不要钱的梯田。"车夫嘿嘿一笑，虽然不会说普通话，却准确无误地把我带到了那片野梯田。看来美的东西不需要语言，大家都会感受得到。

正是傍晚，水格外蓝，田埂上一簇簇野菊正开得茂盛，一层浅浅的青草添加了色彩，绵延铺陈开去，直到我目所不能及之处，有缕缕青烟升起。一个穿着特别好看衣服的哈尼妇女正背着孩子在梯田田埂上散步，我远远问她："这里有你们家的地么？"她笑着说："这里就是呀。"原来人家正带着孩子熟悉自家地形呢。

每个孩子都是一朵花

一群刚放学的小学生，一跳一跳地向我这边走过来，看着很快乐的样子。这里的小朋友没有电子游戏和电动玩具，可是有着属于他们自己的特别的游戏。

梯田边开满了高过我头的野菊花，金灿灿的一片实在很美，可是我怎么也没想到，这些花儿会是孩子们的最佳玩具。男女生的玩法还不一样。女生把菊花一朵朵摘下来，去掉根茎，用线串成一串串的，挂在头颈上，很夏威夷的样子。到底是小女孩啊，我小时候好像也干过这种事呢！

男生的玩法则有创意得多。采一株高大的野菊花，带着长长的梗，摘掉花瓣，然后将圆滚滚的花芯当做滚铁圈，开心地奔跑着。我从没见过这样的玩法，简直跃跃欲试，想要加入进去呢。

不能说城里的孩子童年就不快乐，可是由物质构成的快乐总不那么纯粹。我更想要一个有野菊花的童年。

高过我头的野菊花正在盛开，不仅装点了梯田，还是小朋友们的最佳玩具。

红河对很多人来说，
都是极其陌生的名字。
原本完全不在旅行计划内，
却在莫名动力的驱使下
来到了这里。

我看到了它昔日的繁华。
虽然早已被人遗忘，
掩盖在破败城市的背后，
却依然熠熠生辉。

可是我还是要说句大实话：
红河的食物品种实在太单调，
我活脱脱被饿跑了！

红河

曾经叫通萨的那个地方

红河

红河县对我来说是一个完全陌生的名字，如果不是在东川遇到的那位大叔强烈推荐，我应该此生都不会踏入这个地方。即使后来在网上搜索红河旅游的攻略，也少得可怜。红河的旅游开发尚在起步的状态，单独旅行的人在住宿、交通和饮食各方面都有很多不便。

我在微雨的清晨离开元阳，出租车里放着很古早的流行歌曲，一个人旅行的孤单感又笼上心头。红河县是我到过的最矛盾的地方：湿润的河谷中，是大片的香蕉林，油绿油绿的，可是四周就是红褐色的巨大山石，狰狞可怖。一会儿是青翠的田地，一会儿又是尘土漫天的不毛之地，一副穷山恶水的样貌。司机很健谈，告诉我这里在新中国成立前是土匪横行的地界，让我孤单之外又增添了惶恐，几乎想掉头回去。如果不是想着要看到最美的梯田，我想我是撑不下去的。

红河在深而又深的大山中，世代生活着哈尼族人和彝族人。对我来说，这简直是一个与世隔绝的地方。做梦也想不到，居然只是因为陌生人的一句话，我会一个人跑到这里来找梯田。不过，还好我来了，虽然吃不惯、住不惯，身体受了苦，可是大自然给了我补偿。

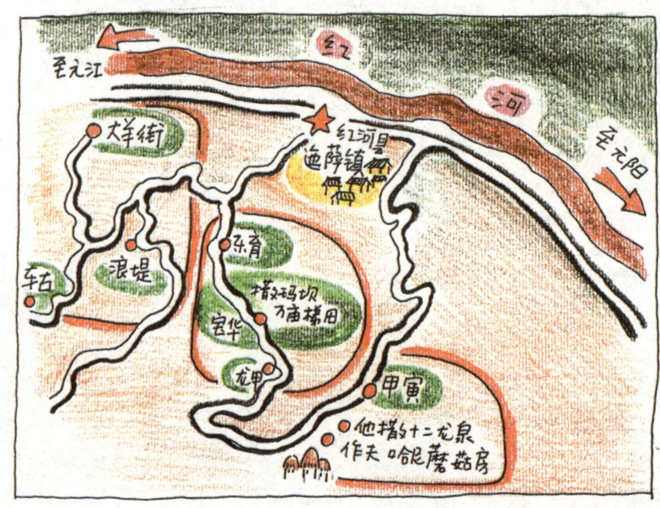

地图是红河县新华书店的店员送给我的，因为她找不到价格。我想，那是因为一年也卖不出几张的缘故吧。

交通

昆明有直达红河县的班车。如果从元阳新街出发，则只能先到元阳的新县城南沙，再转车去红河县。

住宿

旅游景点处的住宿都较简陋。如果是冬天去红河，要做好不能洗澡的思想准备，因为那里都是用太阳能，在阴雨天水是很凉的。

红河县曾经有过一个非常有意思的名字：迤萨，读起来好听，又有神秘感。其实，它是彝族仆拉语“干旱缺水”的意思。

红河县的老县城建在山上，我坐上2路车环城行驶，盘旋而至山顶。公交车一直在爬坡，而且有些地方还很陡，我突然觉得整个红河县城像是一个削了皮的菠萝，而2路车就在菠萝的凹槽里行驶着。红河县是著名的侨乡，当初这里走出去无数闯世界的人，“下坝子”、“走烟帮”不仅贩卖盐巴，甚至还有烟土。听起来很像电视剧里的故事：马帮们抵押自己的性命走向陌生的国度，换来巨额财产。至今，在那些破败乏味的楼房背后，还有这些马帮建造的气势不凡的宅邸，那些飞檐、黄土坯的墙、高大的门楼、漂亮的雕刻、西式的窗户和卷拱，揭示了这里曾经的辉煌。那才是真正的迤萨。

在红河县，想要吃到除了米线和豆腐之外的东西，还真是很难很难的事情。在红河的觅食经历，让我体会到了冬天大森林里的小动物们艰难的生活。

烤豆腐的铁板如果用来烤五花肉一定不错！
红河人民不要这么死板嘛！

汽车站旁，那里有4家小食店，经营的项目完全相同：米线，豆腐。我一看就怒从心头起，世界上是不是只有米线和豆腐两种食物啊？

最终还是向强大的米线屈服了。

一池春水大羊街

白色尖顶帽还是能看到的。

热裤应该是为了在水田劳作而设计的。

在云南，有无数叫羊街马街的地方，所以去的时候千万要确定一下。我其实是抱着不纯洁的目的去的，因为生活在大羊街的哈尼族分支奕车人有着非常独特的服装，可以说是少数民族服装中最为open的，即使放到满是热裤、吊带衫的现代，也还是非常辣的。上衣为系带式，酥胸半露，下身是热裤式的短裤。尤其在每年春天姑娘节的时候，一片玉腿林立，春光无限。当然，现在是11月，云南也进入了冬季，所以我看到的尽是裹着棉袄的奕车女人。

交通 从红河县到大羊街一天有两趟班车，但路况不是很好，需要3~4个小时。
姑娘节 每年农历3月的第一个属猴日(哈尼历法)，是让年轻男女相聚寻找伴侣的节日，奕车语为"仰阿娜"。

车到大羊街乡，我被眼前破败肮脏的景象惊呆了。几乎没有街道，只有一个小广场，堆着若干堆沙子和石块，风一吹，漫天黄土。这里就是传说中中国最美的乡村么？

我心里只有一个念头：奶奶的，被骗了。可是当天已经没车可以回去了，第二天的车中午才出发。就是说，我要在这个肮脏无比的地方混上一个晚上加一个白天。抬眼就看到广场上有一家羊街旅社，还算干净。晚饭跟老板一家同吃，那米是我此生吃过的最糙的米，一颗颗硬如子弹，简直难以下咽。晚上溜出去想买个面包，只见整个乡一片漆黑，大风呼呼地从耳边刮过，我立刻退缩了。

清晨醒来，天微亮，我沿着广场绕了一圈，只见有一条小路似乎是通往乡村去的，便沿着一直走了下去。当第一片梯田出现在眼前的时候，我忘记了那个肮脏无比的乡广场。眼前是好一片绿意盎然、春光无限。即使是小的村庄和土地，也是十分干净的。大羊街的梯田规模和元阳不能比，都是一小块一小块的，可是格外清新流畅，一池春水，宛如江南三月天。尤其值得一提的是，这里村庄的原始状态保存完好，黑瓦、黄土墙与梯田相依偎，如同画中。

大羊街的哈尼村庄并不是传统的蘑菇房，而是很汉族式的黑瓦房。红河一带的传统房屋都是一片灰黄的土坯墙，倒是很整洁。有趣的是，这里气候湿润，土墙上随便种株仙人掌，就能茂盛成一大片，成为天然的防盗墙了。

无意中走进了一所小学校。我向一间教室里探头探脑，偷偷拍一个穿绿衣服的小女孩，她害羞地钻进了讲台下面，搞得我们像在躲猫猫似的。

最后，她终于肯大方地让我给她拍照了。这个躲在后面的小男孩是自己蹭过来的。很青梅竹马的感觉。

渐渐地，全班的小朋友全跑来了，三两组合，乐此不疲。

由于小朋友们的拍照热情一发不可收拾，造成了整个校园都很吵闹的局面。这时候，校长来了，看到我这个陌生人，估计没好意思发火，只是哼哼着严肃地扫视小朋友们，他们就乖乖回到教室，隔着窗户的铁栏杆跟我告别。

今天碰巧是赶集的日子，我和很多哈尼人一同前往大羊街乡那个肮脏的广场。云南各地的镇和乡，几乎都是5天左右有个集，便于村民们购置生活用品，类似城里人每周去一次超市的大采购。我赶过不少次集，大羊街的集市不是最大的，但绝对是最拥挤的。在集市上，我见到了不少新鲜玩意儿。

木板和麻绳组合而成的背重物的工具。

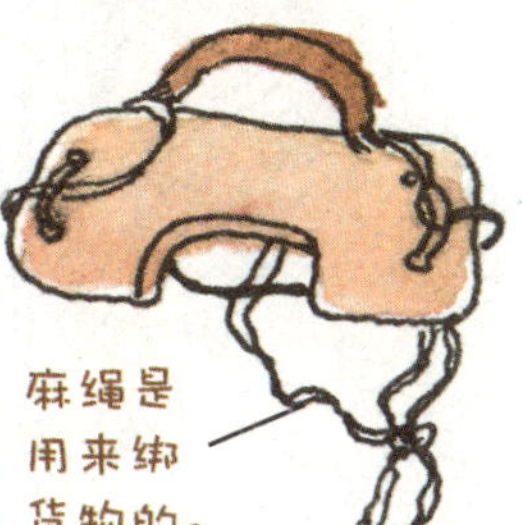

麻绳是用来绑货物的。

这两样东西都是哈尼人特有的负重工具。木制的枷锁样工具可以省力地驮起很重的货物，不会磨损肩膀。而棕榈树皮可以保护背部不被磨伤，衣服也能保持整洁。

这是我此生看到的最诡异的食物：生猪血。即使看见人吃生猪肉我也很淡定，可是这个，真把我吓到了。听说这是当地哈尼人很爱吃的食物呢。

半凝固状。上面撒的是花生，似乎也是生的。

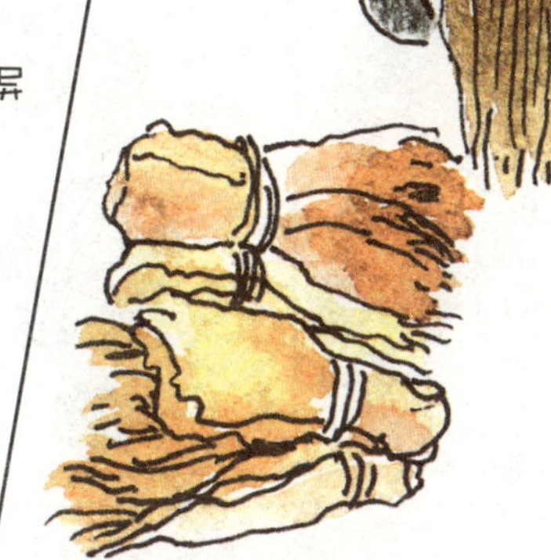

棕榈树皮韧性十足。

怎么描述大羊街呢？不能说不美，可是老实说，如果没有在那所小学校和小朋友们玩得这么开心，我应该会觉得大羊街之行多少有点失望。或许，我应该在姑娘节的时候再来一次？其实，还是值得一看的。只是，被称为最美的乡村，我觉得有点言过其实了。

甲寅·追雾

去甲寅是最出乎意料的一天。遇上浓雾，遇见黑心司机，被指错路，差一点赶不上回红河县的班车……看起来极不顺利，可是我却见到了此行最美的梯田。

老实说吧，这个十二龙泉也是叫人有点失望的地方。我觉得老天爷十分别扭，让我在满怀期待的地方总是失望，可是在其他地方又莫名地给我补偿，让我有惊喜，真所谓“上帝在这里关了门，在那里开了窗”。接下来，老天爷为我另开了一扇窗，让我看到了这些天来最美的梯田。

随着雾气的飘拂，梯田的样貌始终在变化着，一直窥探不得全貌，却很像中国画中的大片留白，引人更多遐想。

即使只有一小片蓝天，水面便已经捕捉到了那一抹蓝色。在灰色和黑色的主旋律中，那一小块蓝色真叫人惊喜。

由于被村民指错路，我在同一段路上来回走了N趟。最后，居然天空放晴，甲寅特有的棕榈梯田出现了。

逃离了红河的米线和豆腐，
我直向烤鱼和菠萝饭奔去。

经历了此生最崩溃的烂路，
转战了N个县城，
用了两天时间，
我终于来到了西双版纳，
这块肥沃富饶的土地。

换下臃肿的冬衣，
大啖数不尽的美食，
在热带丛林里寻找陌生的
花花草草们……
西双版纳，
真是一个美丽的地方啊！

逃离米线和豆腐，
向烤鱼和菠萝饭奔去，

美丽的西双版纳

最崩溃的旅程

今天是我在云南境内最为周折的一天，所有的一切都在计划外，事情完全不可控制地发展着，我被迫到了许多连名字都没有听说过的县城，手中的地图都被翻烂了。

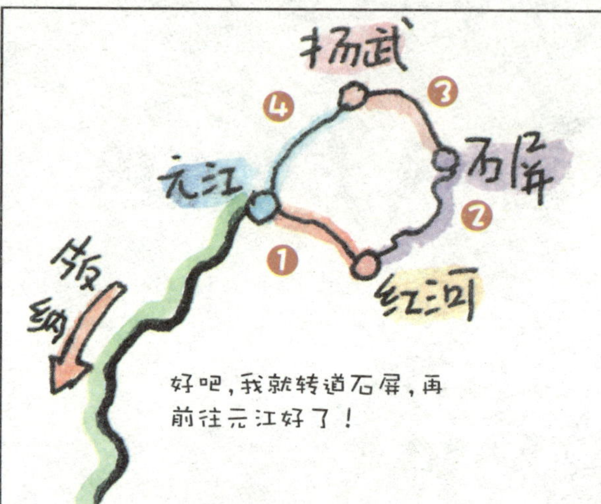

事先做好了功课，查好地图，红河县到元江县只有短短的一段路，然后从元江就可以上高速公路，坐上前往版纳的直达车了。这原本应该是一段很顺畅的旅程，只是做梦也没有想到，红河到元江在修路，已经没有车前往了。于是，我开始了一次疯狂大转车。

好吧，我就转道石屏，再前往元江好了！

这一整天，天空都阴霾着，我坐上破旧的大巴车，要前往石屏这个一无所知的中转站。

公路在维修，一路全是黄沙扑面的土路，小巴在悬崖边颠簸，在土路上留下深深的车辙。我坐在司机旁边的位置，不断拿出相机来拍，司机不断斜睨我，不知道我有什么动机。其实，这只是因为，这路差到难以想象的地步了。

好不容易穿过了泥泞的土路到达石屏，却再次被告知没车了。车站里有前往杨武的车，司机信誓旦旦说能帮我拦到去元江的车。

前往杨武的车总算发出了，又进山了。天迅速黑下来，车在盘山道上一圈圈打转，山间没有灯，只有汽车灯光，在黑暗的树林里显得那么渺小。沿途一直有人拦车，我对前路完全没有概念，十分担心今天要滞留杨武了。而且那些拦车的人很多面目狰狞，我暗自担心，万一是劫道的怎么办？万一是和司机商量好的劫道的怎么办？可现在基本上就是我为"鱼肉"，只好听天由命了。

司机半路让我下车，带着我在黑夜里穿过一个操场，进入一个充满尿臊味、灯光惨淡的地下通道。那个地下通道吓得我直想哭，好在，终于还是拦到车了。

算了一下，这一天我转了5趟车：

1. 红河—甲寅　　2. 甲寅—红河
3. 红河—石屏　　4. 石屏—杨武
5. 杨武—元江

云南多山，修路不易。我一直在旅游景区之间往来，虽有不便，尚能忍受，这一回才切实感受到云南人民出行的困难。

西双版纳地图

这里是13个民族的聚居地，
地球北回归线上仅存的一片绿洲，
70万亩保护完好的大原始森林，
普洱茶的原产地，
茶马古道的起点……

这是一片被绿色
环绕、覆盖的地方，
好像传说中有精灵出没
的地方。

美丽的西双版纳

西双版纳，光是听到这个名字就会有无限遐想。这4个字单看很普通，可是组合在一起就充满了异域风情，读起来也很有韵律。在傣语中，“西双”是数字12，“版纳”指坝子或千亩，西双版纳就是“12个坝子”或者“12千亩田地”的意思。明代隆庆四年（1570年），当地最高行政长官宣慰司把辖区分为12个版纳（一个版纳是一个征收赋役的单位），从此便有了“西双版纳”这一傣语名称。这12个版纳分别是：景洪、勐养、勐龙、勐旺、勐海、勐混、勐阿、勐遮、西定、勐腊、勐捧、易武。

我很小的时候听《月光下的凤尾竹》这首歌时，眼前就会浮现出月光下的竹林，乳白色的雾气环绕着傣家的吊脚楼。我很惊异的是，那时我从未看过任何关于西双版纳的电视和图片，居然会想象出那么具体的画面。西双版纳离我实在太远了，我一直觉得它很像一个传说：那里的人们骑着大象，和孔雀比美，满地都是菠萝与香蕉……

我囊中羞涩，所以无法搭乘飞机，只能借助破旧的小巴，一程又一程，翻过了一座又一座高山，才终于到达这个我想象过无数次的地方。

节日

西双版纳傣族的新年，傣语称为“楞喝桑堪”或“桑堪比迈”。过新年的时候，要举行热烈而隆重的泼水祝福活动，外地人都把它称为“泼水节”。傣历新年在傣历六月（公历4月中旬），为期3～5天。

交通

西双版纳位于云南最南端，高山阻隔，丛林密布，交通实在有点不便。一般都是由昆明出发前往西双版纳，路程700公里。

1. 最快捷的方式：上海、北京、重庆等大城市有直达航班，也可以从昆明起飞，只是价格实在有点高。

2. 汽车：昆明有大巴直达西双版纳，时间很长，需要两天或者一昼夜（10小时左右）。不过请放心，西双版纳内的交通还是很便捷的，前往各个景点的车次很多，路也比以前修得好多了。

住宿

西双版纳的首府景洪有无数小旅馆和家庭旅馆，只要不是在泼水节前后，价格都还是很便宜的，每标间60～70元，另外还有两家青年旅社。西双版纳的其他景点也有一些小的旅馆，价格还会更便宜一些。

景洪印象

景洪在傣语中的意思是“黎明之城”。对我来说，它真的是一道曙光，第一眼看到它，我就知道终于逃离了米线和豆腐，来到了一个花繁果茂的富庶之地。

打开西双版纳的地图就会发现，景洪在整个西双版纳的正中心。它自古以来都是西双版纳的政治、文化中心，也是一个很早就成为著名旅游区的城市。我暗自以为，这个城市应该早就被开发过头，一定人心浮躁、混乱不堪，所以心存戒心，打算速战速决。没想到，我全部猜错。这座城市未见得繁华，却是小巧清新。行道树大部分是椰子和棕榈，还有槟榔和缅桂。澜沧江清凌凌地穿城而过。挽着发髻、穿着筒裙的傣家女孩腰肢轻摆，看起来有些冷漠，可是一旦前去搭讪，就会发现她们是亲切热情的。暖洋洋的微风在12月里拂过我的发梢……我有点陶醉了，这里和我几天前在荒凉的深山中打转的地方都是云南么?我掉进温柔乡中，大吃烤鱼和菠萝饭，留恋1块钱一个的菠萝……我就这样磨蹭了一天又一天，怎么也不愿意离开。

景洪是一个不断给人小小惊喜的城市，一切都是新鲜有趣的。这里所记录的，只是我初到景洪的点滴印象，如今再回想起来，忍不住还是会有喜悦的感觉。

从最底部就开始分杈的棕榈。

树干特别滑溜的棕榈。

像孔雀开屏的棕榈。

有好多种不同的棕榈树。

街边有人围着一棵榕树忙碌着。地上有很多竹子。

榕树的气生根。

将气生根塞进竹筒。

竹筒里填满了土，可以提供养分。

把榕树的气生根插进竹筒固定在地上，引导它们成为独立的根。

在版纳，我认识了一个新的字：勐。它的利用率超高。我特意查了一下字典，原来它在傣语中是"小块的平地"的意思，是旧时版纳傣族地区的行政区划单位，所以现在版纳还有很多有"勐"字的地名。

在景洪的第一天我就喜欢上了这里。我预感到，在西双版纳，我将开始一段美妙的旅程。

美食大搜索

在饮食单一的红河地区，我早就饿得抓狂了。一到景洪，立刻展开了地毯式搜索。开玩笑啦。在景洪，好吃的满大街都是，哪用费心搜索。一路吃下来，肚皮鼓鼓，没有撑到路都走不动就不错了。

大拇指餐厅：西双版纳景洪市白象路。

这家餐厅紧挨着白象湖，装修简陋，可是东西好吃得不得了。

小米辣罗非鱼

整个云南似乎都很流行吃这种罗非鱼。它又叫非洲鲫鱼，肉比国产鲫鱼要厚，刺也挺多。

小米辣是版纳特有的红辣椒，身材小，味道大，辣劲十足。

红焖牛蹄筋

软糯温香，却不至于太酥，还略有嚼劲。

清炒南瓜尖

炒南瓜的嫩叶，可是有点毛毛的，吃不惯。

菜的分量好大，我一个人根本吃不完。这时候，真希望能有一个旅伴啊！

财春青餐厅：景洪市曼听路曼景兰193号。

这家餐厅很贴心地有两个门：一个富丽堂皇，进去后的大厅是点菜的；另一个门只有个小门脸，里面的小厅卖速食的盖浇饭之类。可谓什么生意都做。

我点的泰式酸辣虾挺好吃，但我还是更喜欢中国菜。

竹筒饭

当我发现胡吃海塞有点超支之后，我决定节约开支。在景洪，即使花个几块钱，也一样可以吃得很开心。

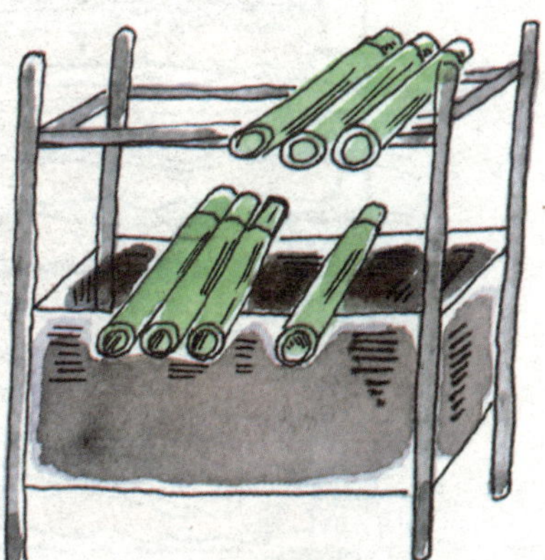

傣族人以米饭为主食。将大米和糯米掺在一起塞进竹筒，烤熟后劈开竹筒，就是清香的竹筒饭了。

烤熟后劈掉外皮。

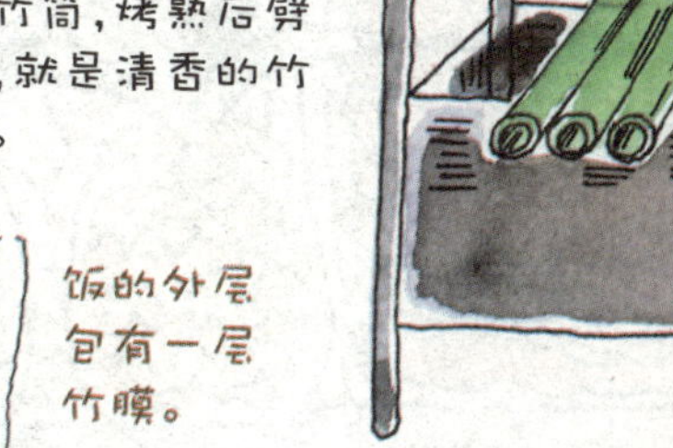

饭的外层包有一层竹膜。

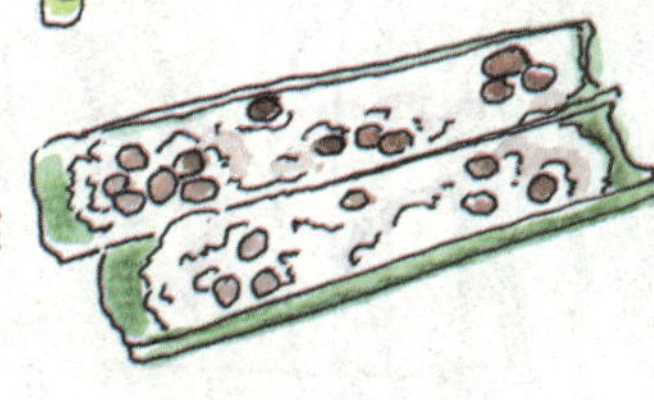

也可以劈成两半食用。

撕开竹膜，就可以边走边吃了。

舂凉粉（其实就是泰式凉粉啦）

调味料好多啊，什么鱼露啦、虾酱啦，都是我没吃过的。

所有的原料放在小罐里捣碎。

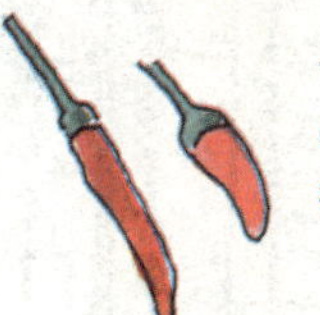

传说中的小米辣。

这个只能当开胃菜，越吃越饿。

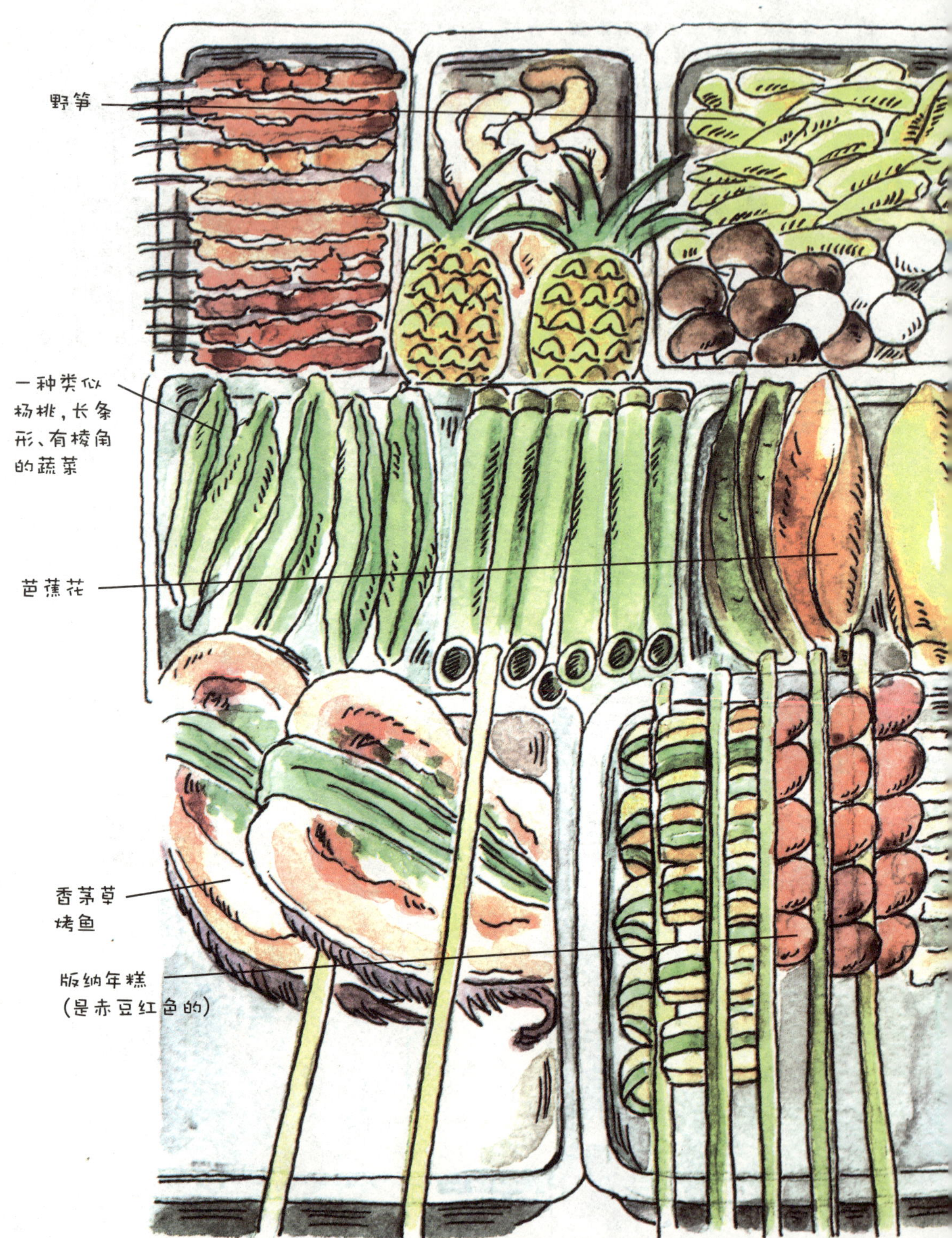
野笋
一种类似
杨桃，长条
形、有棱角
的蔬菜
芭蕉花
香茅草
烤鱼
版纳年糕
(是赤豆红色的)

烧烤太好吃了！

版纳的烧烤好吃到惊艳。也许是因为我在红河实在饿惨的缘故，到了版纳觉得什么都好吃得不得了。版纳的烧烤种类实在繁多，绿色菜多于荤菜，满眼新奇的菜色，全是别的地区没有见过的，颜色特别鲜亮可人。版纳的烧烤没有别的地区烧烤的油腻，味道也很丰富，鲜咸味的香茅草烤鱼、甜味的年糕、香糯的竹筒饭，还有特制的澜沧江青苔饭、菠萝饭……

我只恨自己胃不够大，没法把景洪的烧烤统统尝遍。后来想起来，我一直赖在版纳不肯离去，好像也有一部分原因是我实在太爱这里的烧烤了。

地址：

曼听小寨，

坐3路公交车即可到达。

干巴

干巴可以看做是一种特别的牛肉干，用牛肉配以版纳独有的植物香料，采用火炭烧烤的方法烤制而成。当牛肉烤至褐红油润时，用木槌大力捶打成丝状，就是傣家人特有的干巴了。干巴的味道嘛，就是……嚼不动。

香茅草烤鱼

还是罗非鱼。这种鱼真是怎么做都好吃。香茅草是傣家烧烤最喜欢用的一种香草。

澜沧江青苔饭

青苔一定要配糯米饭才好吃。

这种青苔是从澜沧江里打捞起来的。每年冬季，澜沧江泥沙沉淀，江水变得清澈，水位下降，就可以捞起很多这样的青苔。

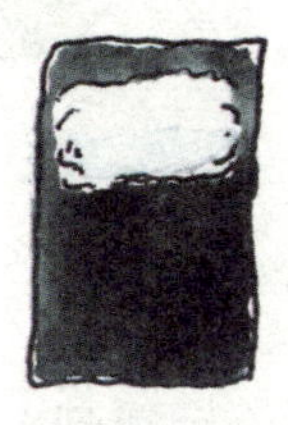

澜沧江青苔的味道和波力海苔很像，不过是弄碎的，所以不能包饭团吃，只能用饭团蘸着青苔吃，或者把青苔当饭团的馅料。

在版纳吃的菠萝饭是我吃过的最好吃的饭。酸甜适中，简直停不了嘴。还特意询问了菠萝饭的做法：

1. 用勺把菠萝肉挖出，切碎备用。
2. 事先将糯米用清水浸泡一天一夜。
3. 然后将菠萝和糯米混合，砂糖一大勺放入菠萝中，放蒸锅中蒸半小时就可以出锅了。

我回家后照做了一次，可是味道比起在版纳吃的实在差太远。想了半天，应该是原料的问题。

版纳的菠萝很特别，没有我们常见菠萝那些突起的结疤。直接用刀削去外皮就可以吃了，味道超级好。

听说我旅程的下一站腾冲，在食物上也是乏善可陈，所以我更是加紧补给，每一次都吃到小肚浑圆。

茶山漫步

南糯山一日

连着阴了几天，我每日睡到中午，吃饱喝足，骑车在城里瞎转。几天后感到有些羞愧，我实在太腐败了，应该去松松筋骨，干脆去爬南糯山吧！

南糯山在中国众多的名山大川中实在毫无名气，既不够高，也不算险，连名人题字都没有一个。可是，在普洱茶爱好者心里，南糯山实在是很牛的一座山，因为山上至今存活着一棵树龄800年的栽培型古茶树，应该算是遍布云南的普洱茶树们的老祖宗了！

南糯山又名孔明山，当地人坚信是当年的诸葛孔明来版纳时，在南糯山种下了第一株茶树。其实，南糯山的种茶历史可以由三国时代再往前推溯好几个世纪。

其实我并不是要去参拜茶树们的老祖宗，只是想爬山而已。

坐上前往勐海的班车，眼见乌云越来越浓重，心想山上应该什么都看不见吧，还是去勐海逛逛好了。可是念头刚转，车窗外突然就云破日出，天蓝云白。好吧，爬山去！

南糯山在景洪前往勐海县的途中，只要坐上前往勐海的班车，告诉司机在向阳寨下车就可以了。下车后就是漫长的爬山之路。当时修养了几日，我自感体力充沛，未做任何功课，就贸然开始爬山了。后来才发现，不做充足的准备，想要找到茶树老祖宗，根本就是不可能完成的任务。

刚踏上上山的土路，没走上10分钟，就有辆摩托车从后面驶过来。车主见我是陌生面孔，立刻询问是不是来收购茶叶的。我很不好意思地告诉他，我只是想看茶树而已。没想到他拍拍车座说："我带你去吧。"我偷看他是很面善的样子，就厚着脸皮又搭上了顺风车。穿过一座破旧的龙巴门，我很快被带到了一棵漂亮的大树前。

这是我第一次看到古茶树，
虽然并不是那棵最古老的
800岁老爷爷树，
可是它姿态优美，枝繁叶茂，
茶花满枝，茶香扑鼻。
我实在是太、太、太幸福了！
如果钻到树下，
就会看到那
盘根错节的
树干，显示出
年深日久的
时光磨砺。

在这棵高大的古茶树附近，还有很多不同时期的古树茶园。南糯山世代居住着爱伲人（哈尼人的支系），茶树是他们赖以生存的生活来源，每个爱伲人家房前屋后总有几棵古茶树，不知道是傍着茶树建造的屋舍，还是建好屋舍之后种下了茶树。总之，爱伲人和茶是形影不离的。

摩托车主告诉我，那棵茶树王在接近山顶的山林里面，没有人带领是很难找到的。可是我有些贪心，看了那么多漂亮的茶树后，更想看看那棵最古老的茶树是什么样子的。

我看到一个爱伲族的大婶在料理茶园，就上前问路。谁知道，她见我一个人企图爬到山顶去，吓得把手摇得跟风扇似的，拼命阻止我说："你一个女孩子不行的。"我还是不死心，最终问清了上山的道路，开始爬山。

南糯山上除了有很多古茶树，更多的是这样低矮的茶树，在山坡上依山种植，好像梯田一样。这些茶叶所制成的普洱茶，被称为台地茶，味道没有古树茶那么浓厚甘醇，但是产量会比古树茶大很多。

我在茶园中兜兜转转，一会儿去看人家剪枝，一会儿去捡散落在地的树叶。沿途流水潺潺，一朵俏丽的樱花悄然绽放。有太多事情吸引我的注意力，结果到了下午 4 点，我连半山腰的半坡老寨还没到。于是自我安慰，就是没有看到古树王，今天也很愉快啊。于是，今天的爬山行动就此顺利结束了。

总之，
这是一次失败的徒步经历
和一段美妙无比的旅程。

易武寻茶

知道易武，还是几年前第一次来云南时，在返程的飞机上看到一篇关于探寻普洱茶源头的文章。我是很容易被名字吸引的人，易武这名字很有画面感，我当时就萌生了“如果再来云南，要去那里看看”的想法。这次既然来到版纳了，自然不能错过易武。

飞机上的免费杂志，也能学到东西。

易武对大多数人来说，是一个完全陌生的名字，可是对于普洱茶的粉丝来说，可谓圣地。在清朝道光年间，易武茶山成为 6 大茶山所产茶叶的集散地、生产地和茶马古道的出发地，从而开创了普洱茶的易武时代。一想到几百年前第一支马队驮着茶叶从这里出发，穿过艰险的原始森林和悬崖陡壁，最后到达西藏，就有点坐不住了。真希望能有机会走一遍这条神秘的茶马古道啊！

易武的老房子剩下不多了，如果不是那几个著名的茶庄，完全看不出与云南其他地方的村庄有什么区别。现在不是采茶的季节，茶树们也正在休养生息。下山的途中我认识了一位专做压茶石的王石匠。

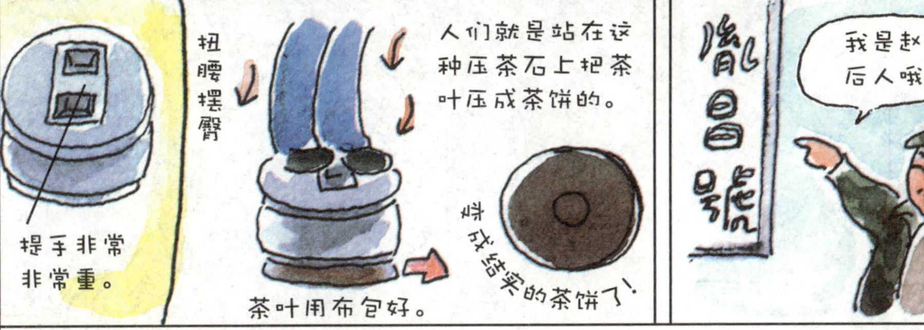

胤昌號

我是赵匡胤的后人哦！

网上都说易武住宿极为简陋，最好的是春意李庄。可是我在山路上转晕了，一下车就看到胤昌号的招牌，糊里糊涂就住进去了，没想到居然是我来云南之后住得最舒适的一晚。晚上在这个寂寥的小镇有些无聊，就去找老板喝茶聊天，展开了一场普洱茶知识大扫盲。老板教我分辨生普和熟普，教我什么是台地茶、什么是古树茶，还说了很多"文革"后恢复普洱茶生产的野史，甚至还有自己的宗谱……

一个叫曼列的地方

今天我要去一个完全没有名气的地方，叫曼列。这是一个普通的傣族村寨，没有任何标志性的景点。可是，这也正是我想去的地方。没有推销式的民族风情，没有时节不分的泼水表演，我想看的，只是普通傣族人安居乐业的小村庄，我只想做一个安静的过客，而不是需要载歌载舞招待的游客。

知道曼列实在是偶然。在版纳的绿光青旅的网站上乱逛时无意中看到了这个地名，它仿佛有一种魔力，让我当时就决定要去这个地方。或许这就是一种心灵感应。从曼列回来，我有点得意，因为我实在太有眼光了!曼列是我在版纳得到的最大的惊喜，也是会留驻我心中的最美的村庄。

如何去曼列

去曼列稍稍有一点麻烦，因为它并不是成熟的旅游景点。

曼列位于勐罕三乡（其实勐罕就已经是著名的橄榄坝了）。

从景洪客运站坐大巴前往勐罕，然后叫一辆三轮摩托，就可以把你拉到曼列了。千万要留好司机的电话，否则在曼列是很难找到回勐罕的车的。

价格：往返 20 元。

从勐罕前往曼列的路上，两旁是密密的香蕉林，热带的感觉扑面而来。

我看到农人把成捆的香蕉扛到卡车上去，都还是青绿色的，十分惊讶。有农人解释给我说："这些香蕉都是要卖到很远的地方去的，如果等到熟了再摘下来，运到外地的时候就已经烂了。我虽然能够理解，可还是有一点点失望，原来我平日吃到的香蕉，都不是在树上成熟的啊！

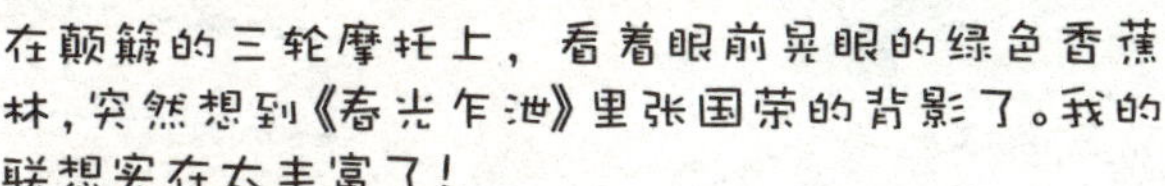
在颠簸的三轮摩托上，看着眼前晃眼的绿色香蕉林，突然想到《春光乍泄》里张国荣的背影了。我的联想实在太丰富了！

曼列并不在隐秘深山之中，也并不与世隔绝。可是踏进村庄的那一刻，我觉得自己好像是那个被一场龙卷风卷进了奇幻世界的桃乐丝，原来傣族人的村庄是这个样子的啊！

又见三角梅。

清早，村庄尚未醒来，有淡淡的雾气在飘拂。凤尾竹在山坡上摇曳，一小片油菜花细细开放，一条笔直的大道通往村庄的深处。两旁是高大椰子树掩映下的傣族房屋，鲜花探出墙头恣意绽放。每家都有几棵果树，忽而看到橙黄的大柚子，忽而是碧绿的青枣，或者是结满果实的木瓜树……狗狗看到我，吓得溜着墙根躲开了；牛儿悠闲地嚼着青草，无视我的存在。

用木板拼成的孔雀

这个村庄，仿佛此刻是我独享的。

从小我就很向往傣族的竹楼，光是听听就有一种凉风习习的感觉。可是来到版纳后才发现，现在的傣族人很少用竹子作为主料来建筑房屋了。因为竹子虽有情趣，可是太容易腐蚀损毁，所以现在的傣屋都用木头和砖瓦来建造了。不过样式上还保留着传统的干栏式结构，又称高脚房屋建筑，分上、下两层结构，上层住人，下层养牲畜，在潮湿炎热的南方，既防潮，又通风，还可以防御蛇虫和野兽。

傣族人的屋顶是不能攀爬的，因为这些瓦片都没有加固过。先在屋顶椽子上横钉竹条，然后将瓦挂在竹条上，便大功告成了。

传统的傣族建筑，二楼四周是没有一扇窗户的。不过我看到很多新建的房屋，也开始加入窗户的设计。

下层高约七八尺，四周无遮拦，牛马拴束于柱上。现在有很多人家还在下层空地停放了小轿车和摩托车。有木梯可通往二楼，二楼的中央是火塘，四周是卧室。

房子都是单幢，四周有空地，各人家自成院落，
前院种花养牛，后院种菜和果树，
比起外地豪华而呆板的别墅区要鲜活可爱多了，
只是在寸土寸金的城市，这样的房子显然太奢侈了。
我不由得乱感慨：我生活的地方，物质看起来很丰富，
生活品质却远不如云南一个偏僻的村庄。
唉，我每天辛苦奔波到底是为什么嘛！

曼列的村民可能很少看到外来的汉人，对我都很好奇。最先跟我搭讪的是这位怀抱公鸡的大叔。主要是我对他也很好奇，因为他抱着公鸡犹如我们抱着自家猫狗的样子，还不断爱抚。后来我才发现，这个村庄里的狗全是胆小鬼，鸡倒是凶猛异常的，居然可以飞跃几个墙头追逐争斗。

村子里只有一个小卖部，卖些泡面烧烤之类的东西。男人们围坐着打牌聊天，女人们边带着孩子，边张罗着做饭。我刚刚还想要是生活在这里有多好，现在开始庆幸起来，还好没有生做傣族女人。

一个年轻的妈妈请我帮她和小孩拍照，不一会儿就围过来一群小孩。我觉得自己特别有小孩缘，无论是跟红河的哈尼小朋友，还是这里的傣族小朋友，都能玩得很开心。穿条纹的这个小男孩表情超丰富。

吃罢中饭，操场上突然热闹了起来，一群傣族的阿妈们居然玩起了排球。傣族女人的筒裙裹在身上，长至脚踝，塑造出婀娜的体态，可是同时也束缚了行动的自由，所以这些可爱的阿妈们把裙子拉到小腿上方打了个结，有的穿上了改短的裙子。其实还是有些不便，我看她们常常用一只手拉裙子，另一只手挥在空中。

我从来都没有想象过傣族妇女穿着筒裙打排球的样子。实在是太有趣了！

村民们跟我混熟后，纷纷要求我一定要去看看他们的寺庙。傣族的村落里都会有自己的寺庙，从寺庙的规模很容易看出村子的经济状况。

在一位阿妈的指引下，我找到这座美丽的寺庙。只是这座寺庙虽然不小，却只有两个懒洋洋的小僧人，见到我这个游客倒也没有很好奇，神态自若，却也有问必答。

傣族人所信奉的是小乘佛教，和我们中土的佛教以及藏传佛教都十分的不同。傣族男孩子的一生中总要有一段时间出家，时间的长短不定，并不是终身制的。

我看着空荡荡的寺庙问："僧侣们都去哪里了？"小帅哥说："都去上课了呀。"原来这里很多小僧侣同时也在学校上课。可是学校课本里的无神论和僧侣们的修行难道不抵触么？生来随性的傣族人或许自己可以找到一个最好的折中点。

傣族人的人生观是由信仰、民族传统、现代社会的伦理道德共同造就的。很可惜我没有和任何一个傣族人深交，所以很难真的了解到他们对这个世界的看法。

我对小乘佛教一无所知，可是这两个迷迷糊糊的小帅哥也一样讲不出个所以然来，所以干脆放弃探讨教义，转为"外貌协会"，研究起他们的穿着来了！

下身的裙装

信奉小乘佛教的僧侣的服装和中土以及西藏的喇嘛都有所不同，不过我觉得有一点接近喇嘛的服装。上身是一整块布斜披在身上，多余的布就搭在肩膀上。他们总有办法把这块布穿得很随意又潇洒。下身是裙装，原本我以为也就是一整块布围起来打个结，小僧人很热情地给我演示了一遍后我才发现，原来下身的裙装还配有一根腰带。

僧侣们的上装可以随意调换成T恤之类的，但是下身的裙子就绝对不能换。

偷偷说一句，我觉得寺庙是傣族帅哥的集中地，我在西双版纳看到的最帅的男生都是出家的僧侣。

佛教在几百年前传入西双版纳，从此傣族人全民信教，世代延续至今。只要有村庄的地方，就必定会有佛寺。佛寺不仅是村民参拜神灵的地方，也是公共集会的场地。从一个村庄佛寺的规模与精美程度，也很容易判断出村庄的贫富。

跟村里人熟络了之后，他们强烈要求我去佛寺看看，看样子佛寺是他们很自豪的地方。

曼列是一个看起来蛮富裕的村庄，佛寺正在扩建与整修，看上去很气派。

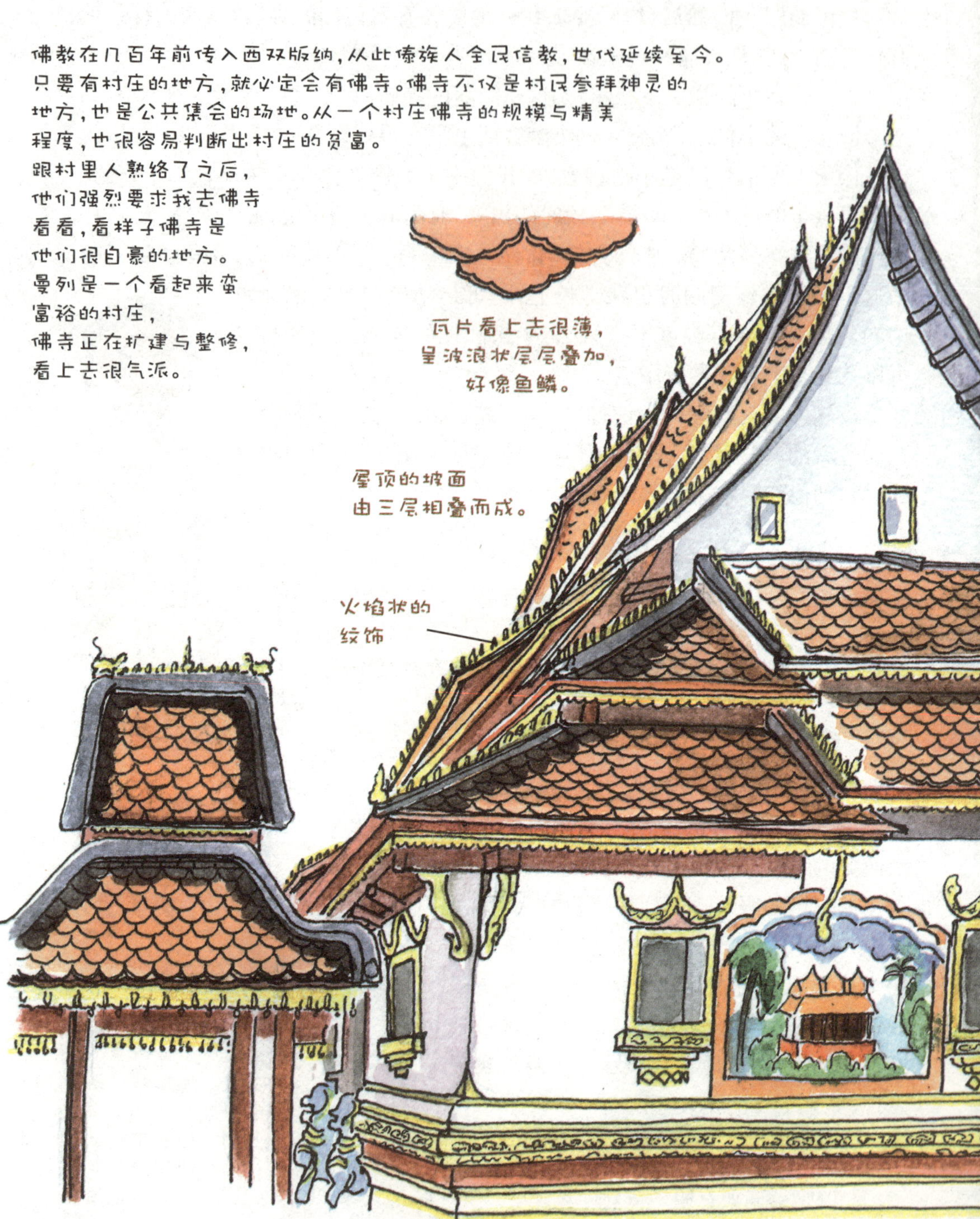

进入佛塔前要先经过一个门亭。

虽然每个村庄的寺庙都各有特色，但是傣族的寺庙建筑，
也是万变不离其宗的。

门亭从外部看是两重檐人字屋顶，从内部看它的顶部结构，眼睛立刻花了。
虽然是竹木结构的，可是怎么看都很像宝塔。

大象是傣族寺庙中不会缺少的元素，通常雕刻得非常朴拙可爱，还涂上鲜艳的颜色。

走进寺庙内部，会发现满室都是柱子，这是傣族特殊的建筑风格。建筑物的柱子一定不会镶嵌在墙壁里。

金色是佛寺里不可缺少的颜色。

屋顶使用的片瓦，瓦尾钩在竹制横椽之上。

墙基部分有许多几何图案的装饰，我特别喜欢这个部分。

雨林故事

热带植物园奇妙之旅

在西双版纳，热带植物园是我去的唯一需要门票的景点。出于个人对植物的热爱，我早就想到这座著名的植物园来参观了。

西双版纳的植物园是1959年在植物学家蔡希陶教授领导下创建的，大概是新中国最早的植物园吧。我能想象，在那个百废待兴的年代，要创建这么一个植物园需要付出多少心力。至今，它仍是我国最大和保存物种最多的植物园。其实，我觉得整个西双版纳就是一个巨大的植物园，而这座热带植物园就是西双版纳奇妙的植物世界的一个缩影。

植物园占地 900 公顷，大得超乎想象。虽然大部分的原始雨林是不对外开放的，但走完开放区域已经累得快死掉了。

园内有观光车可以载游客参观，可是我一点不后悔全程步行。我觉得只有步行，才有身处热带雨林奇妙世界的冒险感觉(其实完全不危险的啦)，而且坐观光车会错过很多有趣的小植物。

热带雨林的霸主

植物园中最好玩的地方是榕树园。榕树是热带雨林中最为常见的植物，其实在湿热的广东、海南等地，也遍地都能看到榕树的身影。小时候很喜欢唱那首《童年》："池塘边的榕树下，知了在声声叫着夏天。"一直对榕树有着很美好的想象，可是在这里，我见识到了榕树的另一面：它是热带雨林中最有生命力的一种植物，在抢占地盘方面没有哪种植物可以与其匹敌，堪称热带雨林的霸主。

独木成林 小时候，老师曾经用"独木不成林"的俗语来教育我们要团结。可是榕树中有些品种偏偏就能做到独木成林，这要归功于它们无休止生长的气生根。这些气生根能伸入土壤，拥有自己的生命。这样，年深月久，榕树仅靠自己就能形成一片茂密的森林。

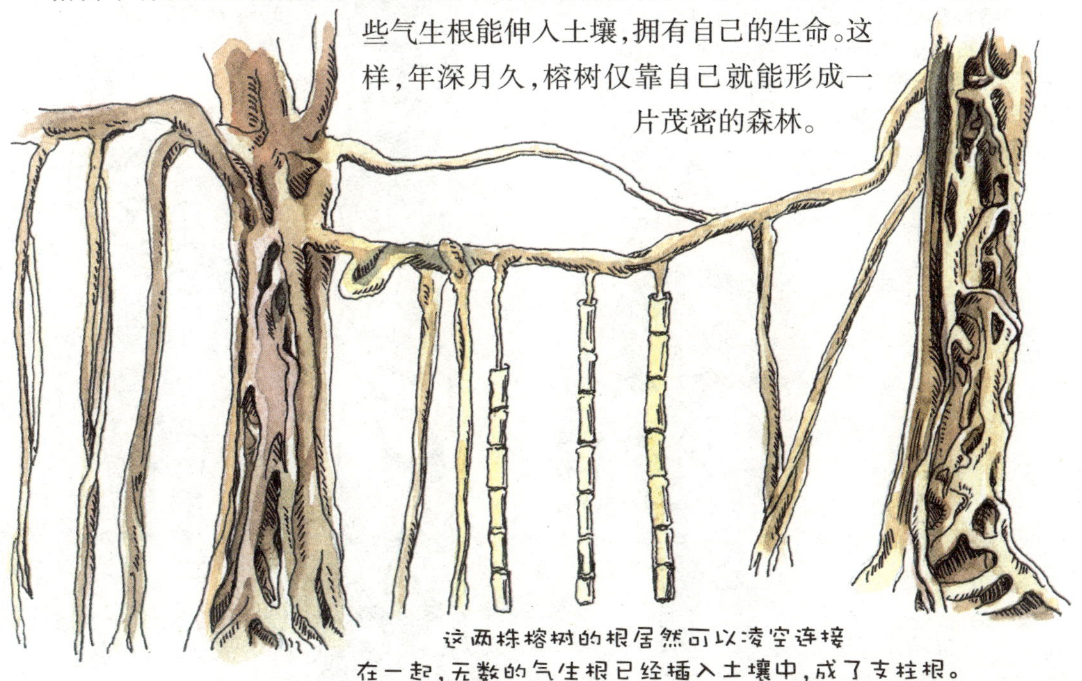

这两株榕树的根居然可以凌空连接在一起，无数的气生根已经插入土壤中，成了支柱根。再过 10 年来到这里，不知道会是什么光景了。

在热带雨林中，能够深刻感受到这些植物是一个整体。它们互相依存，同时也在争夺地盘与营养，和人类世界一样有弱肉强食，最典型的就是榕树的绞杀现象。

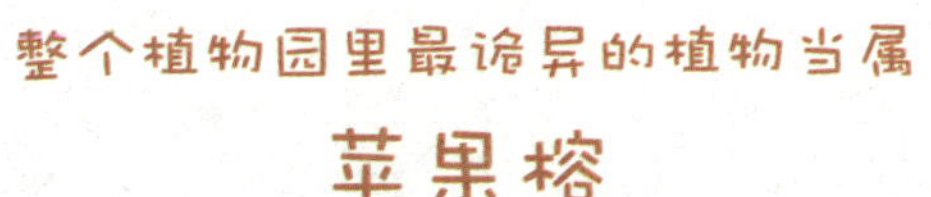

我正在榕树园中闲逛，猛然看到了这株怪异的树木。远望去，树身上都是密密麻麻的小疙瘩，好像爬满了虫子，丑陋不堪。我立时汗毛倒竖起来，第一反应就是：好恶心。原本想绕道而过，可是耐不住好奇，反正再可怕也不过是植物，总不能咬我吧？凑近一看，那些小疙瘩居然都是小果子，倒不是那么可怕了。

树身上挂着牌子：苹果榕，桑科榕属，果实可食用。

看到“可食用”三个字，我立刻觉得它是很可爱的树木了。可是要亲自尝试这种从未见过的果子，好像还是有点困难的。我最终没有被馋冲昏头脑，理智地走开了。

回家后查了资料，原来苹果榕是一种酷爱湿热的植物，从海南到西藏的墨脱，都能生长。几个月后，我居然真的在海南再次见到它，真是倍感亲切呢！

最浪漫的植物

长着大象鼻子的象鼻棕，是植物园中让我印象最深刻的植物。它实在是一种太奇特的植物，整个生命只有20年，经过一次开花结果之后就会全株枯死。看着植物园中那几株已经果实累累的象鼻棕，想到它们的生命已经快要结束，突然有点伤感，可同时又觉得这是一件很浪漫的事情。

是在说我吗?

花还可以用来酿酒。

真的很像大象鼻子呢！

我趴在象鼻棕树下的草丛里，拼命寻找象鼻棕的果实。

路人很惊讶，以为我掉了什么东西。

我捡到的象鼻棕的果实。

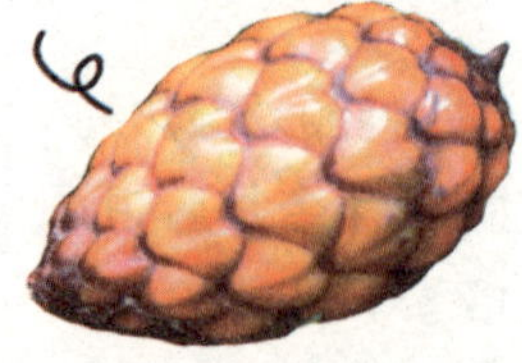

象鼻棕的果实油亮亮的，好像涂上了一层漆。样子有点像松果，又有点像穿山甲的甲壳。完全就是一个天然的工艺品。

叶子的奇迹

热带雨林中，许多草本植物都具有巨大的叶子，大得足以容纳好几个人在下面避雨。因为巨大的树木遮天蔽日，矮小的植物只有尽量生长出巨大的叶子，才能捕捉到更多的阳光。而叶子的末端却长着尾状尖端，叫滴水叶尖。这是因为热带雨林的内部非常潮湿，空气中的水汽和随时发生的降雨常在叶片表面结成一层水膜，滴水叶尖能使叶片表面的水膜集聚成为水滴流淌掉，使叶面很快变干，有利于叶片的蒸腾作用。

忘记这种植物的名字了。后来在海南也看到了，当地人似乎叫它海芋。

王莲　雨林中不仅是草本植物，连水生植物也一样会长出巨大的叶子。

王莲的叶子像个大圆盘，远看很光洁，其实在叶子背面叶脉纵横，底部的根系也是千丝万缕的。

我觉得这种莲叶摘下来可以当吃饭的餐盘。或者，大家划着船在水上直接开筵，肯定很酷！

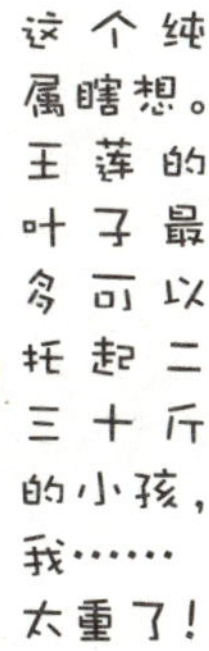

最爱水果园

在植物园里，最过瘾的事情就是去水果园了。一次性看到这么多的果树，枝头还挂满了诱人的果实，实在是太美妙了！

要怎么样才能在这里工作呢？

菠萝蜜长得跟我想象的一模一样。这种巨大的热带水果，又被叫做木菠萝、牛肚子果。我没想到它们会长在树干上很低的位置，有些果实太重，直接就拖在地上了。

植物园是一个很奢侈的地方，果实们自生自灭。成熟的果实落到草地上，渐渐腐烂，被蚂蚁们吃掉。
我看到一个成熟的、散发着诱人香味的菠萝蜜掉落在地上，上面爬满了蚂蚁，就觉得十分可惜。
我……还从没吃过菠萝蜜呢！

杨桃长得很像一个个五角星，
凡是热而潮湿的地方，
都很适宜它生长。
我在草地上看到好多
掉落的杨桃，
有一只还很新鲜，
只是上面已经爬了
几只蚂蚁。
我思量许久，
还是没好意思捡起来吃。
杨桃树是这个
样子的啊！
我在云南第一次吃到
酸角，觉得没有水分，
不像水果，并不喜欢。
不过酸角糕的味道倒
是不错，但是一定要
猫哆哩牌的才好吃。
看起来像巨大的
豆角。
吃过很多木瓜，
还是第一次看到木瓜树。
原来木瓜是这样
成群生长的呀！
叶子好像一把伞，
树干上有好看的纹路。
细细的树干，居然
可以结出这么多大大
的木瓜。

悲伤的橡胶树

西双版纳的橡胶树在我心中是和上海知青紧紧连在一起的。因为自己也算是知青子女，虽然老妈去的并不是遥远的云南，但还是会特别关注关于知青的一切。20 世纪 60 年代，成千上万的上海知青来到云南种植橡胶树。如今，整个版纳到处是郁郁葱葱的橡胶林。我总是会想，不知道哪一片是当年的知青亲手种下的。橡胶树是一种重要的经济作物，长成需要 7 年，却可以收割 40 年，种一棵橡胶树简直比养儿还要防老。橡胶树为版纳人带来了富裕的生活。可是，当我看到高速公路两侧那密密的橡胶林时，又有点害怕。这些地方原本都是藤蔓缠绕的原始森林，现在都被毁掉种上了橡胶。听说橡胶树的根部需要大量水分，几乎就是一台抽水机，完全起不到涵养水源的作用，而且种植橡胶所喷洒的农药也影响了茶叶的种植……我不知道版纳的将来会怎么样，只是觉得橡胶树真是一种可怜又可恨的植物啊！

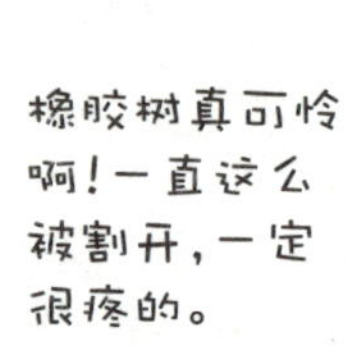

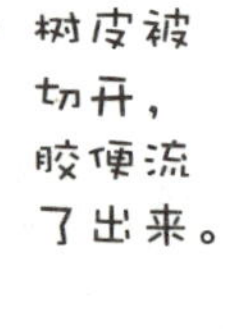

归·哈尼人的顺风车

我起码还要走上1个小时才能到车站，这简直能要了我的命。

这是绿春的政府退休人员包的车，他们专程来西双版纳旅游。他们很nice地接纳了我。

这一车都是绿春的哈尼族人，当我说起前不久刚去参加过绿春的长街宴后，大家就对我更好了。甚至到了景洪，他们还请我一起吃晚饭，还让我跟他们一起住宾馆。少数民族的热情总是叫我又惊讶又感动。

离别·澜沧江

澜沧江对我而言一直只是中学地理课本上的一个名词。做多选题时，我永远也搞不清它到底流经多少个国家。此刻，我站在了澜沧江边，还是有些懵懂。因为很难把眼前秀丽的河流和它的发源地联想到一起，也更难想象出它在异国奔腾入海的情景。回家后重新查看地图，给自己来了个地理大补课。澜沧江发源于我国青海省玉树藏区的杂多县吉富山，一路穿行在高山深谷中，水流湍急，或许因此才有了“澜沧江”这么个大气磅礴的名字。可是当它到达泰国后，却有了一个软玉温香的名字：湄公河。从此，尽是满眼碧绿的热带风貌了。

澜沧江
中国 1
云南省西双版纳
关累码头
缅甸 3
老挝 2
湄公河
泰国 4
柬埔寨 5
越南 6
南海

澜沧江途经6个国家：中国、老挝、缅甸、泰国、柬埔寨、越南。它对生活在这些土地上的人都十分的重要。

从日落一直到华灯灿烂，
我把在版纳最后的时光
全部交给了澜沧江。
它有一种格外妖媚旖旎
的风情，让人不舍离去。
日落时分的沉静和入夜
时的些许苍凉，
直到天空暗黑，灯光
燃亮江水，它变得更加
神秘不可测。
我坐在桥墩下的大石头上，
仰望澜沧江大桥上的
灿烂灯火，车来车往，
仿佛是另外一个时空的
事情似的。

去腾冲的人，
总有着好多种不同的目的。
有的是为了参拜国殇墓园，
有的是为了参观火山，
有的是为了到宁静的和顺古镇小住
……

而我，
是温泉狂人，
只是想到腾冲泡个温泉而已。

当我经过一夜的颠簸，
腰酸腿软地到达腾冲时，
望着群山之上清丽天空中
一朵一朵的白云，
突然有了一种沧海桑田的感觉。

沧海桑田
恍然腾冲

夜奔滕冲

我真聪明啊！

我带了睡袋。

睡袋虽然就用了这么一次，可是没有它还真不行。

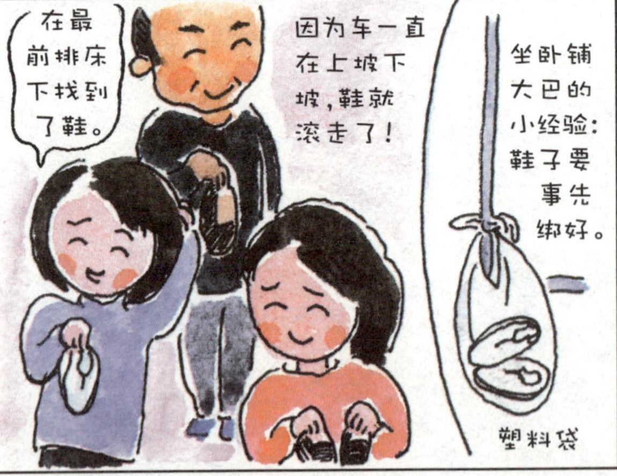

我怎么也没想到，我和警察的对话变成了：
警察问："上海工资高吧？"
我："……不高。"
警察问："3000总有吧？"
我："有啦！"

从保山去腾冲的车很多，当我坐到暖气十足的大巴里，看山青云白，好像做梦啊！

沧海桑田·恍然腾冲

在千万年前，连人类都还没有的时候，腾冲的历史就开始了。面对史前地球剧变在腾冲留下的痕迹，我想只有用“沧海桑田”才能形容了。

印巴大陆和亚欧大陆的碰撞挤出了今天的高黎贡山，腾冲境内近百座的无头山，那是曾经壮丽的火山喷发的遗迹，如今火山们只是暂时熟睡，随时会再次醒来。伴随火山的是丰富的地热，它们化为温泉汩汩涌出。来到腾冲，每个人都会生出感叹：大自然好神奇啊！

当大地渐渐恢复平静，人类便开始在这片土地上生存。西汉时腾冲称“滇越”，大理国中期设腾冲府。由于地理位置重要，历代都派重兵在此驻守，明代还建造了石头城，称之为“极边第一城”。今天腾冲特有的文化意识，始于600年前明朝的大批戍军迁移至此，带来了中原的儒家文明。几百年中，这种文明和当地的少数民族文化，再加上闯荡夷方的人们带回的东南亚文化碰撞融合，渐渐深入人心。如今的腾冲人，大多仍然是当年明朝戍军的后代。虽然腾冲山美水甜，完全没有边疆的大漠苦寒，可是人们骨子里的热血却并没有被温柔的山水磨去。在抗战时期，腾冲人的抗日精神震惊全国，腾冲人实行的焦土抗战最终取得了完胜。

在过去的很多年里，腾冲被人们遗忘了，所以今天当它重新被发现的时候，还是一如当年的美丽。

住在青年旅社里，我才发现，每个来腾冲的人目的都不一样：
有的是看了电视剧《我的团长我的团》之后，产生了强烈的西路军情结，
专程来拜祭当年的抗日英雄们；
有的是慕名腾冲这个美丽古镇，前来休养生息的；
而我，说来惭愧，我是冲着温泉而来的。
腾冲是一个很丰富的地方，无论是自然奇观还是人文景观都很丰富，
仿佛只要来到腾冲，就一定能够找到属于你的那杯茶。

交通：有一点点不方便哦！

腾冲深藏在高黎贡山脉中，是中国的西南边陲，交通自然是有点不便的。
前往腾冲有以下路线：

1. 由昆明乘坐飞机到保山，转乘大巴前往腾冲。这班飞机价格偏高。
2. 由昆明坐长途卧铺大巴前往腾冲。时间长，非常疲劳。

腾冲地图

高黎贡山内保存有公元前4世纪著名的南方丝绸之路，也是抗战时期重要的战场，尤其是北斋公房一带，至今还残留着战火的痕迹。
至缅甸
中缅友谊碑
猴桥口岸
腾冲有长达148.07公里的国境线与缅甸接壤。
得胜碉
猴桥镇
栽满了银杏的小村庄，11月里非常漂亮。
江东银杏村
黑鱼河
柱状节理
樱花谷
马站
火山群国家公园
高黎贡山
南斋公房
古道
抗战时期，6万云南人民艰苦拼搏一年、快速修筑的闻名于世的"史迪威公路"穿过腾冲腹地，一直延伸到缅甸依洛瓦底江畔的密支那。就是这条生命线，保证了被日军三面包围的中国战区军用物资能从缅甸源源不断地供应到抗战前线。
史迪威公路
北海湿地
腾冲
和顺
荷花
国殇墓园
热海
高黎贡山
至瑞丽
至保山
保山

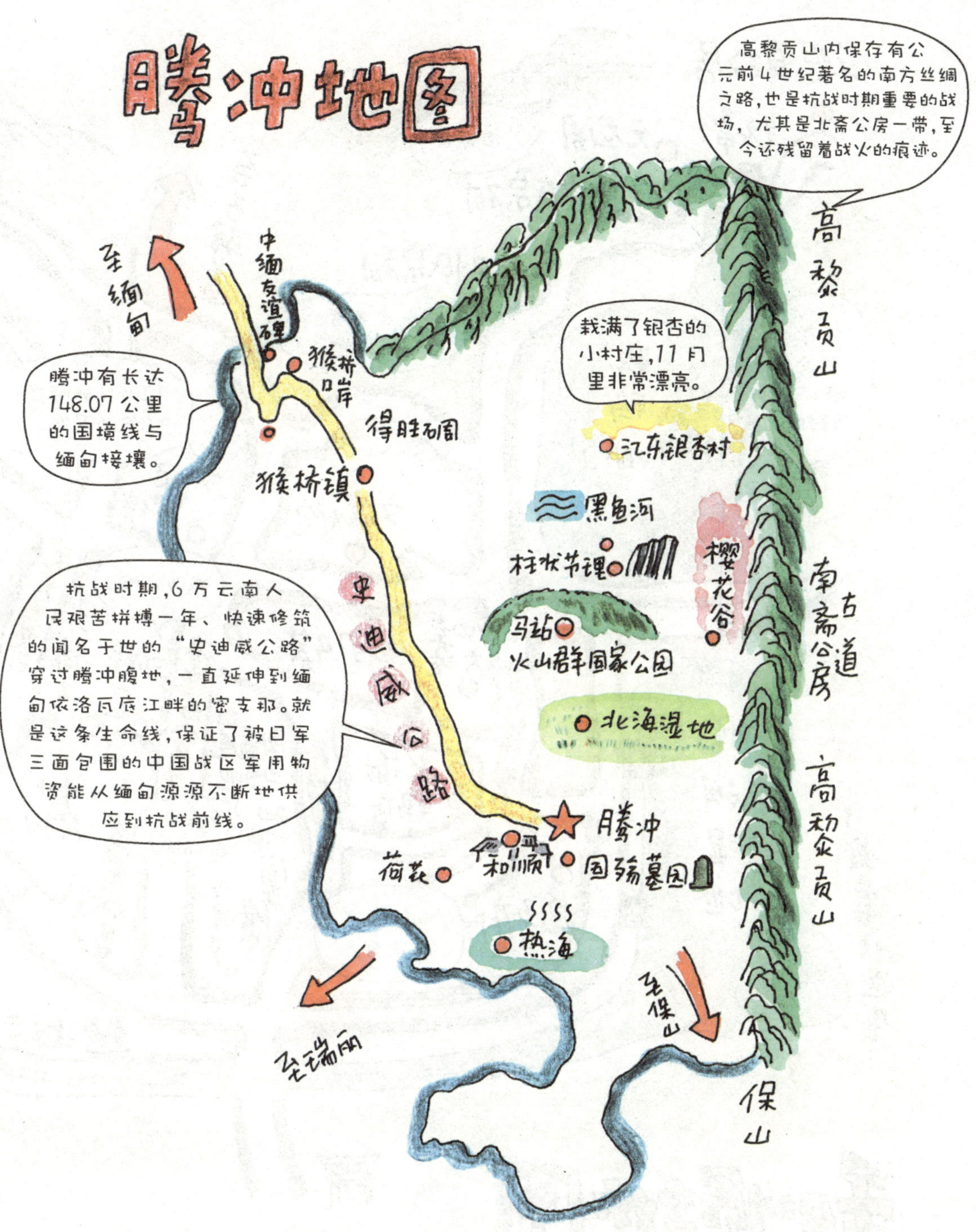

艾思奇故居
洗衣亭
元龙阁
道观。
李氏宗祠
刘氏宗祠
唯一要收费的一座祠堂。
至古驿道
有很多鹭鸶，晒太阳很舒服。
野鸭湖
据说是和顺最好吃的餐馆。
刘记餐馆
文家大院
鸡汤好喝。
大石巷
弯楼子
诚号
李家巷
司马第
寸家湾
陷河湿地
老谢车马店
大桥巷
阳温暾酒吧
和顺唯一的酒吧。
和顺图书馆
文昌宫
黄果树巷
张氏宗祠
总兵府
和顺最贵的宾馆。
我最喜欢这里！
洗衣亭
和顺地图

和顺古名阳温暾，我喜欢这个低调又敦厚的名字。不知道何时改名叫了和顺，据说是源于“云涌吉祥，风吹和顺”的诗句，倒也是个大气的好名字。第一次听到和顺这个名字，是从一个同在西藏爬山的北京人那里。他把和顺描述得仿佛藏于粗糙石块中的美玉，北京人的语言真是很有煽动性。之后，我这个实心眼的就一门心思要去和顺看看了。

和顺坐落于黑龙山麓，青瓦白墙的民居环列山麓，形成了十分壮观的一片建筑群，比起在江南一带所见的古村落要恢宏开阔得多。这是一座用火山石堆砌起来的村庄，那些乌黑带有许多孔洞的石块，无时无刻不在提醒你它沧海桑田的过去。

虽然一直远离中原人们的视线，和顺在这西南边陲却默默地积聚了能量。600余年来，这里是茶马古道的重要集镇，云集了大量走夷方而成为富商巨贾的侨民。这里遵循的是中原汉家的儒家文化，同时也是中华文明与南亚、西方文明交融的窗口。在抗战时期，这里又上演了惊动全国的西部军抗日事件。万幸的是，隆隆的炮火没有毁掉这座古镇。当硝烟散尽，这里重又恢复了平静。即使游人也还没有改变这里固有的生活节奏和文化模式。整个古镇只有一个安静的酒吧。住在民宅里，晚上回去晚了，主人会提着灯出来寻找。没有专为游客制作的改良版和顺菜，一切都是那么原汁原味的。虽然没有夜生活的夜晚叫人觉得有点无聊，吃不到合口味的美食叫人挠墙……和顺，还是一个叫人难忘的地方。

和顺古镇比我想象得要大很多，虽然滞留了10天，还是觉得有些巷道没有逛过。古镇里好看的建筑很多，背后的故事更多……

洗衣亭

和顺的河边散落着一些小亭子，当地的妇女们三三两两，在亭子里洗衣择菜。这些看起来很简朴的洗衣亭，却是和顺最贴心的公共建筑。在过去，和顺的男人长年在外闯荡，留下妻子担当起家中全部重担，辛苦程度可想而知。这些洗衣亭就是外出的男人们为了家中的女人洗衣时不被雨淋到而特意修建的。想到其中温柔的心意，我也忍不住去洗衣亭里洗了洗手(因为实在没啥可洗的)。

和顺图书馆

和顺图书馆是我最感兴趣的地方。曾经参观过江南一带的很多藏书楼，比如宁波的天一阁等，可是那都是某个家族的私家藏品，并不对外开放。和顺图书馆是集一村人之力建起来的公共图书馆，这一点我觉得非常了不起。

1924年，当地的华侨们接受了西方的思想，认为国家兴盛首先要开启民智，于是开始集资兴建和顺图书馆。它是中国历史上第一个乡村图书馆，至今仍是中国最大的乡村图书馆。

因为有这座图书馆，我觉得和顺人很幸福。

宗祠文化

宗祠是封建社会宗族制度、宗族组织的遗存。和顺是我见过的宗祠最多的地方。通过宗祠，可以了解和顺的几大家族。寸氏宗祠是中西合璧的建筑，特别有气势。刘氏宗祠内部最大、最规整，也最精美。李氏宗祠现在是一家农家乐式的菜馆，当然供奉的先人牌位们依然还在……

艾思奇故居

老实说，来和顺前我从未听说过艾思奇其人。在和顺第一次听到这个名字时，只是心中暗想：这名字也太奇怪了吧！

艾思奇家族是和顺的望族，他的父亲李曰垓是辛亥革命的元老，追随孙中山先生革命。所以，艾思奇自然也姓李，他的原名叫李生萱，两岁时就随父在外，先后在香港、昆明、南京以及日本读书，青年时代就写出了《大众哲学》和《哲学与生活》两部著作，引导了无数青年走上革命道路。蒋介石曾经哀叹："一本《大众哲学》，冲垮了三民主义的思想防线。"

离开艾思奇纪念馆前，还是忍不住好奇，询问了一下工作人员，艾思奇这个名字到底是什么意思。原来，艾思奇的意思是"爱思考奇怪的事情"。此时，我突然觉得这个看起来很严肃的哲学家亲切了许多。

和顺民居

和顺古镇保存得非常完整，现存民居多建于晚清和民国初期。当时华侨经济鼎盛，所以大多数民居建筑都很讲究，粉墙灰瓦，墙基高筑，装饰典雅，暖屋静院，户户书香。那些民居多半随山势而建，每一条巷道里都隐藏着一些当年辉煌的富商巨贾的老宅，夹杂在普通民宅中，紧凑而不张扬。腾冲的民居除了传统的三房一照壁格局外，还时时会有很多中西合璧的细节，透露出侨乡的特色来。

我最喜欢的民居是弯楼子。它的建筑是沿着巷道的曲线修砌的，所以被称为"弯楼子"。这弯楼子里面倒是方方正正的，看着和其他民居布局也类似，只是外观非常有意思，沿着狭窄的巷道自然形成弧形的外墙，形式上也不是纯中国式的，上层的小窗户有各种形状，像搭积木似的。

弯楼子是当年著名商号"永茂和"的所有人李氏家族的旧宅。商号的主人在清朝道光年间就前往缅甸经商，逐渐发展成跨国商号，延续了 100 多年。在和顺还有很多尚未开放的传统望族的旧宅，如果有缘，恰逢主人心情好，会招呼你进去闲聊。

同住青旅的女生就遇到了《我的团长我的团》拍摄家庭的大妈，还热情带她回家玩呢！

必美大院

必美大院建于 1930 年，参与滇西大反攻的中国远征军一九八师师长、抗日名将叶佩高将军曾在此设立指挥部，率部全歼侵腾日军。叶配高将军的后人还曾来到这所宅子寻找父辈的足迹。我觉得必美大院是和顺民宅中最为干净明亮的，女主人很亲切，我们虽然不住她家，也常去串门。

看到了一种奇怪的果子，当地人叫“咳地老”。

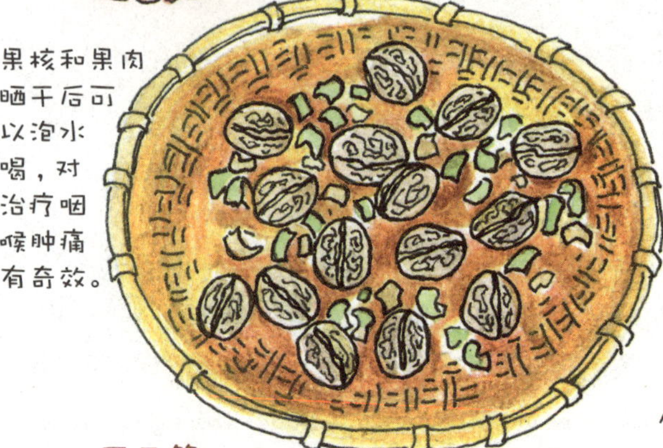

果核和果肉晒干后可以泡水喝，对治疗咽喉肿痛有奇效。

开始觉得苦，过一会儿又觉得甜。

生长在山里的野果。

司马第

司马第是清代民居的样式，有 130 多年的历史。光绪年间，屋主曾官至三品，朝廷所赐司马第匾额居然还在。我无意中闯入时正是晚饭时间，流着口水观看大妈做和顺最有名的“大救驾”，其实就是饵块和番茄、鸡蛋、葱段、肉片的大杂烩。相传清初，南明永历皇帝从腾冲逃往缅甸，饥肠辘辘时有农人将手头现有的材料混炒过后端给他吃。所谓饿了吃嘛都香，皇上赐名“大救驾”。

据说吃“大救驾”一定要配青龙过海汤。

唉，其实就是酸菜疙瘩汤。

味道还行，但是要 10～15 元一份，有点贵了。

晒在村口的黄柑橘和大白菜。

和顺生活

原本想到和顺住民宿的，可是在版纳时在网上认识的重庆男二号已经先行住到了和顺的青年旅社——老谢车马店，于是我还是去了那里与他会合。经历了大半个月的独自旅行后，我终于找到组织了，从此开始了热热闹闹、红红火火的和顺生活。

老谢车马店

老谢车马店在寸家湾的显眼位置，有着宽大的庭院。我最爱它多人间的下铺，比一般的床都要大。被子很柔软，床很舒适，安抚了我一路的颠簸。

客栈的狗见人就一路跟随着摇尾巴，摇得尾巴都快断了，也没讨到食物。

院子里居然还有水碓村村委会，每天早晨村干部们会在这里议事。侧耳倾听，会乐得不行，因为村民们会很严肃地讨论国家GDP，俨然是国家兴亡、匹夫有责的样子。

我在腾冲的第一拨玩伴，虽然来腾冲的目的都不同，可是在一起玩得很开心。

自行车爱好者

重庆男二号
大雁

看起来有点沉默，其实人很好，很有经验的驴子。

深圳男

她专为国殇墓园而来。

有西部军抗日情结的四川美女

拎着名牌包包，自己开旅馆的深圳美女，我们叫她老板娘。

陷河湿地

有白鹭长久地伫立在水中捕鱼，留下洁白的倒影和碧绿的湖水互相映衬着。

在和顺一住 10 天，景点早就不要去了，唯有古镇前一片小小的湿地，倒是每天傍晚都要去逛一下，才觉得安心。一座古镇，一定要有水才会有灵气。这片小小的湿地，就是和顺灵气的来源。清晨时，这里会有白色的水雾升起；傍晚时，可以看到霞光透过云层的光柱笼罩住整个和顺古镇。

这片湿地原先应该很大，但是被村民们填埋了许多，种上了庄稼。水深的地方就种上莲藕，还保留着一块块的小湖面，所以走在田埂上很像走迷宫，不知道什么地方田埂就断了，变成了水塘。

田里刚收割过，尽是稻茬。豌豆苗倒是正长得旺，我最爱吃豌豆苗嫩绿的芽尖。荷花谢了，莲藕正肥，有农人正从淤泥里捞藕。莲藕很长且多节，只要用水一冲，就是白嫩嫩、脆生生的美食了（可惜在和顺的餐馆里很少有莲藕卖）。除了零星几个干活的农人，这里是鸭子的天堂，成群的鸭子白天到这里觅食。可能是阳光太温暖，食物太充足，鸭子们一改聒噪的本性，都很安静自在。

这片湿地，总是让我有身处江南三月天的感觉，
差一点就忘了这是12月的云南。

每天太阳刚刚落下，尚存一丝余晖，鸭子们就起身摇摇晃晃地排好队，几乎不用主人鞭策，就浩浩荡荡、招摇过市地穿过和顺的大街小巷回家去了。一天就这么结束了。

我最爱看的是鸭子回家。每天在小巷里和这群鸭子相逢，就知道，吃晚饭的时间到了。

和顺美与不美食物大全

老实说，如果你的胃不是那么能接受饵丝和米线，那你可能很难在和顺长住。这里的食物总结起来就是饵丝、饵块的各种变身与排列组合，当地人每日必不可少，可是外乡的游客就觉得品种太单一。我靠着坚强的意志在和顺住了10天，发掘出这里各种美与不美的食物。

和顺的木瓜炖鸡有两家很有名：1. 三成号的民居里；2. 巷口小吃。

在和顺古镇里，我几乎每天都吃米线和饵块，无肉不欢的胃已经奄奄一息了，搞得我脑子里整天都想着到哪弄点大块的肉吃。听同去樱花谷泡温泉的一家三口说和顺有木瓜炖鸡，遗憾人太少了吃不掉，我立刻纠集了一群人杀去吃鸡（我在拼吃方面的组织能力真强啊）。

首先要了解一下原材料：木瓜炖鸡选用的是5斤以上的母鸡，有的要7～8斤，却一点也不老。特别要解释的是木瓜。因为鸡汤太鲜美，我吃完后才突然想起根本没看到木瓜啊，原来这里说的木瓜是一味药材，不是我们常吃的水果。

以下排名不分先后

稀豆粉

稀豆粉是很有特色的和顺小吃。它是用豌豆磨成浆，放入开水煮成糊状，再撒上辣椒和香菜、芝麻等佐料制成的。

典型的和顺早餐：
烤饵块，烤油条，茶叶蛋，
配上一碗稀豆粉，还是挺美味的。

稀豆粉的颜色是黄绿色的，质地像果冻，卖相很不错。

油条剪成一段段的。

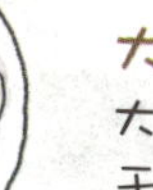

大薄片

大薄片这个名字很抽象，猜不出是个什么玩意儿，于是叫了一盆。原来是切得很薄的猪头肉，猪头肉下面是豌豆凉粉。

请认准这个牌子

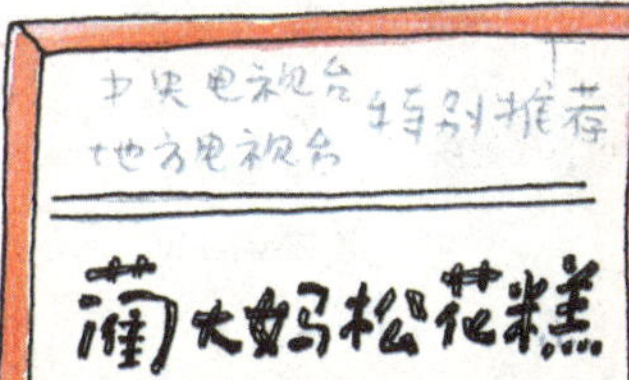

松花糕

松花糕是我觉得完全可以打入大城市高档餐厅的和顺小吃。所谓松花，就是从松树的花茸上收集来的花粉。

上层是淡绿色的松花粉。

下层是红豆沙。

松花粉

松花粉可以单买，可是我不知道该怎么吃。

松花粉本身有微微的苦味，配上下面一层甜甜的红豆沙，就形成了非常有层次的味道。

山之上，国有殇

因为连续剧《我的团长我的团》，被尘封许久的那段滇西抗战历史再度被揭开。对我来说，那是一段历史的盲点，我从来不知道，在中国的西南边陲，曾经有过这样惨烈的战争。在国殇墓园的一下午，我好像回到了 60 多年前的那场殊死搏斗中，很久没有过那么强烈的爱国情绪了。

国殇墓园大事记

1. 1942 年 5 月，日军攻占腾冲。腾冲县县长张问德写下一篇《答田岛书》，把日军头目田岛和他的侵略军队的罪恶目的驳斥得体无完肤。这篇檄文至今在国殇墓园还能找到。

2. 1944 年，国民党开始滇西大反攻，整个腾冲实行焦土抗战。1944 年 9 月，全歼日军，收复腾冲。

3. 同年，腾冲人捐款建烈士陵园。腾冲的几个宗族把自己家的风水宝地——小团山捐献给烈士做安息之地，于是就有了今天的国殇墓园。

4. “文化大革命”中有人要炸掉国殇墓园，腾冲的老百姓自发来到国殇墓园护园，国殇墓园才得以完好保存到现在。

國民政府軍事委員會佈告

此佈

委員長 蔣中正

國殤之歌

纪念堂的正门前有很多这样的石碑，记录了国殇墓园的由来。

原先就有点感冒，看了这些石碑，更是眼泪鼻涕乱淌。

在左右两侧的厢房中有腾冲抗战的介绍，非常详细。一侧是抗战初期，腾冲被日军占领后的种种暴行，看得人是火冒三丈，眼泪汪汪。而另一侧展览的是国民党和腾冲人民一起合力全歼日军、收复腾冲的过程，看着看着就热血沸腾，心情又明亮起来。

墓碑都很简朴，年深日久，有一点点破损。上面只书写了士兵的等级和名字。我看到一个士兵叫舒云宽，心想，这么好听的名字，父母一定是读书人吧？
看到铺满整整一个小山丘的墓碑，我知道这只是牺牲的战士中很少的一部分。满山青翠的松柏和透过枝叶投射进来的阳光，让人觉得，他们长眠在自己保卫过的土地上，这里不再有战火，应该放心了。
我能做的就是向着这些墓碑深深鞠躬。

火山奇妙之旅

腾冲是一座火山之城，密布着90多座火山。上溯到几百万年前，它们就已经在不断喷发了。据说，腾冲现存的很多火山是休眠火山，一想到某一天它们还会醒来，继续喷发，我就好兴奋啊！只是目前我只能看看沉睡中的火山们了。

去火山玩一定要下到火山底才能领略到火山的神奇，大空山有一条隐蔽的小路可以下到山底去。有一种身在火山中心的奇妙感觉。

爬山时回望一下天空，格外蓝。

火山底很奇妙，因为太深，有些地方很难照射到阳光。草木枯黄，石头上还凝结着白霜。刚才还爬山出了一身汗，突然就像被关进了冰箱。

能够照射到阳光的那一面草木青翠，好像春天。我们东倒西歪地晒太阳，好温暖。

相信我，温度对比真的有那么强烈。

有很多村民在入口出售经过加工的火山石，每块1～5元。

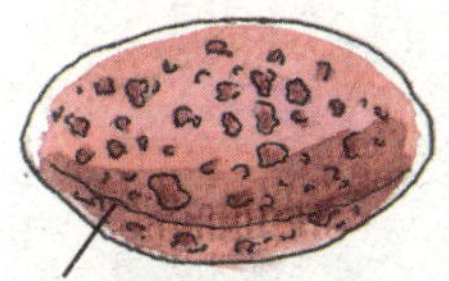

在火山的底部，还残留着很多火山石，我捡了一块小小的带回了家。火山石有很多孔洞，非常轻。

柱状节理

第一眼看到柱状节理的时候，
我想：或许这世上真的有上帝。

柱状节理名词解释

柱状节理是火山爆发时喷出的未露于地表的岩浆冷凝后形成的柱状结晶。火山岩浆喷发时的温度为1200℃，当岩浆冷却至800～900℃时，岩浆结晶形成柱状节理。

从火山口下来，司机载着我们在一段土路上飞奔，说要带我们去看柱状节理。这名字弄得大家都一头雾水，已经去过一次的重庆男二号故作神秘地说：“看了你们就知道了。”

沿着山路又步行了大约半个钟头，远远就能看到矗立在山坡上的黑色石柱，突兀极了，整个岩层似乎被翻转扭曲，仿佛被一只巨手所掌控，创造出眼前的奇观。

这些石柱形成于6万年前，虽然有科学的名词，但当地人还是把它叫做神柱。后来遇到一个专程带小孩来看柱状节理的妈妈，我们共同感慨：“大自然好神奇啊！”

现在每看到运送木头的卡车，就会想到柱状节理。

秘境黑鱼河

从柱状节理处折道下山，前往又一处神秘的地质奇观——黑鱼河。

沿途能看到很多有花纹的石头，最特别的是这块好像蜥蜴的巨石。

黑鱼河原本是一条地下暗河，在熔岩流的作用下，地下水脉的通道被堵塞，被迫涌出地面，形成了地上河。它的神秘之处在于你看不到源头，仿佛横空出世，汩汩流淌。水量很大，水质极好，是地下直接冒出来的天然矿泉水。

不知道谁修建了一道短堤，还种满了鲜花，碧水焕然而过，却不会将堤坝淹没。

黑鱼河是我见过的最清澈的河流。几乎完全透明，河底的水草也是纤尘不染，只有阳光留下的光斑在水草间游弋。

黑鱼河名字的由来，应该是因为这种生长在河里的黑色小鱼。当地人抓来烤熟了之后出售给游客。

非常小，最大的也不过十几厘米长。

熬不住嘴馋，也买了几条。

可是，吃完后很后悔！如果不是我们这些游客，小黑鱼也不会遭到这种厄运。这里原本是它们的家园，人们为了一时的口腹之欲，捕杀这些小鱼。有一天，这里也许会变成没有黑鱼的黑鱼河了！

香橼和鸡蛋果

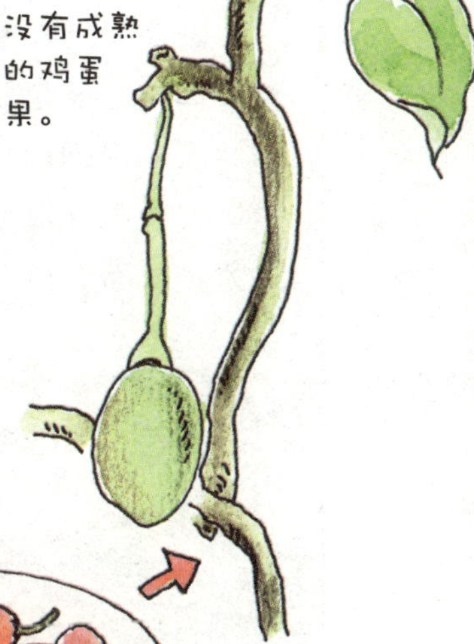

果肉是
金黄
色的。

1元一个，我们买了一
个，分成5份

五份

真搞不懂，我们
到底在省什么呀？

这种水果叫XiangYuan，汉字怎么写，当地人也说不清。直到回家后看了一个欧洲博物馆的馆藏展，其中就有一幅静物是画这种水果的，才知道它原来是叫香橼。古巴比伦王国的空中花园里就有它了。

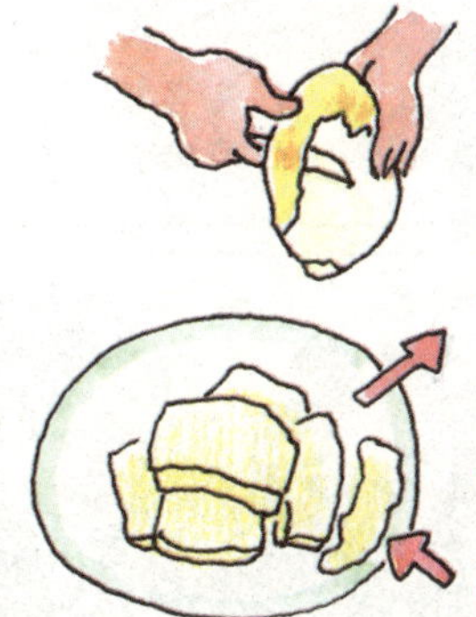

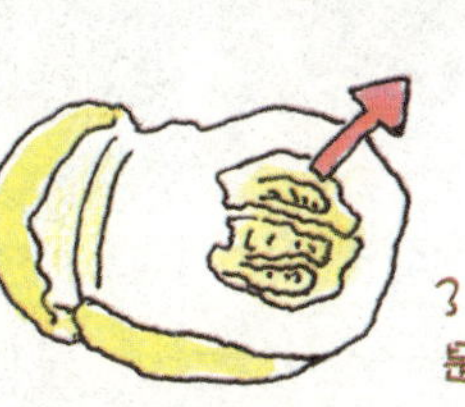

北海湿地，大地的肚皮

北海湿地在腾冲城以北12公里处，是大约60万年前火山喷发形成的亚热带火山熔岩堰塞湖，主要由北海和青海两个天然湖泊组成。它最初的面积很大，被村民们填湖种地后，现在真正湿地的面积已经没那么大了。北海湿地是我去过的湿地中最惊险的，感觉好像踩在大地软而有弹性的肚皮上。

迷彩的哦！

首先要换上套鞋。

跟着一位村民，向湿地进军。

我的体重轻，所以陷下去的部分比较少，人高马大的大雁，一脚下去就是一个大坑。原来，长得高也有不好的地方。

唯一淡定的人。
我害怕！
一片看似平静的
草甸，踩上去
居然好像波浪起伏，
太诡异了！

嘲笑一群穿救生衣在湿地
划船的游客，没想到……
哈哈，居然穿
救生衣！

我不会游泳。
水好蓝啊，
快点划呀！

十足的湿地
惊魂。
重庆男无
意中把竹
篙插入水
中，居然
竹篙尽
没，深不
见底。
水面
好不容易上岸，深深感受到脚踏实地的
可贵。为了压惊，吃了一大碗湿地旁小
店里的土豆饭。
超好吃的土豆咸肉菜饭！
野菜

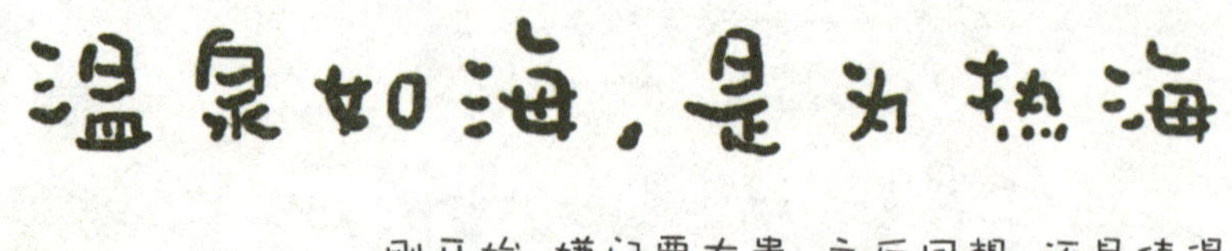

刚开始，嫌门票太贵，之后回想，还是值得的。这里有太多的地质学的奇观，好像是一个巨大的天然博物馆。地下岩浆活动的频繁，造成地层中心的热流向地表上升，顺着地壳断裂处勃然喷发，形成了喷气孔、热沸泉、喷泉、热水爆炸等等各种景观。虽然我并没有去泡温泉，可是整个景区雾气蒸腾，就当是做了一次桑拿。

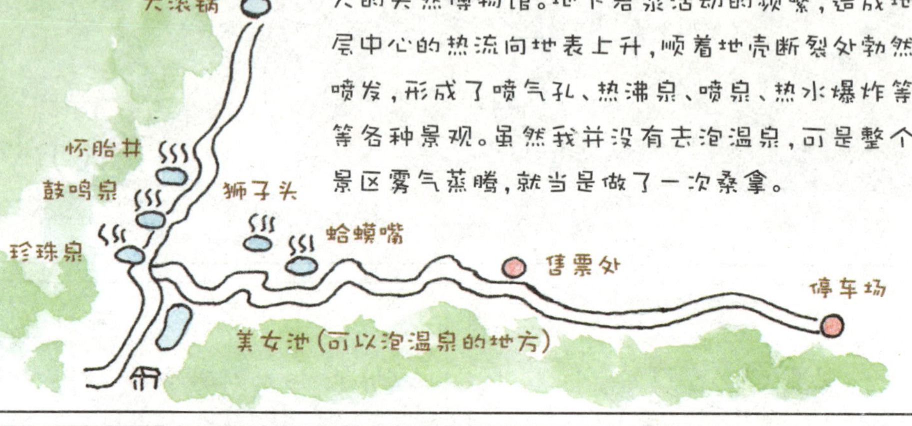

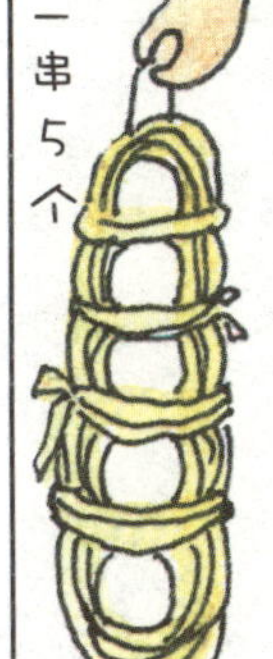

可惜，现在的大滚锅已经被保护起来，唯一可以感受一下它的热度的方法是蒸鸡蛋。

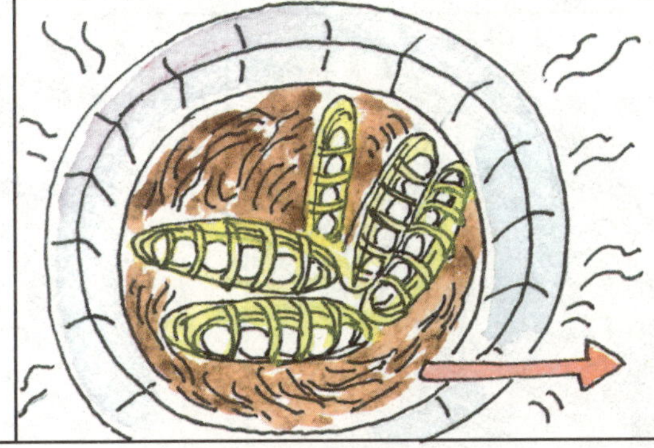

在大滚锅的一侧，有几个小的出汽孔，上面铺上枯茅草，将鸡蛋放在里面，盖好盖子，耐心等待。

烟雾里有好浓的硫黄味，而且很烫。

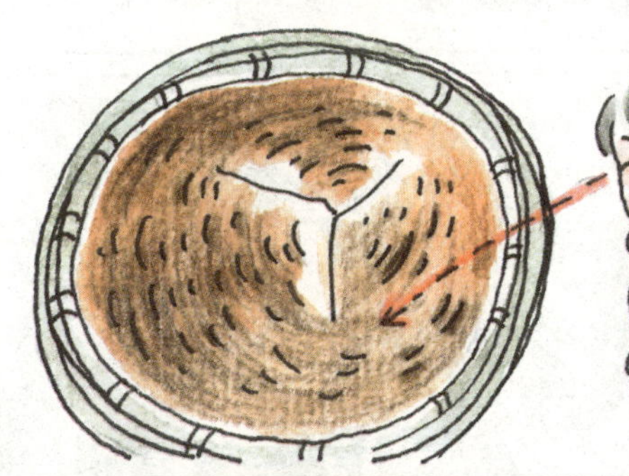

要等大约15分钟。

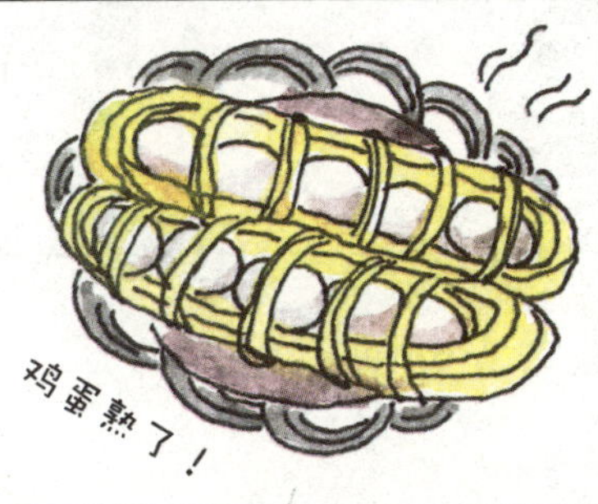

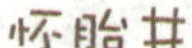

怀胎井

中国好多地方都有所谓怀胎井，传说喝了井中的水就很容易受孕。
这个姑且一听。
水中含有丰富的矿物质是肯定的，能不能怀胎就不知道了。

注意：
水好烫，所以要兑上凉水才能喝！

狮子头

不太像狮子，像长毛怪兽。

我觉得像快熬好的粥在冒泡泡。

蛤蟆井

蛤蟆井是我见过的最最神奇的自然景观。居然从几个小石笋一样的山尖上向外喷射水柱。不知道为什么，想到《西游记》了。

经过两周一个人的旅行，好不容易碰到合得来的同伴，可是他们的旅行已近尾声。从热海回来的第二天一早，他们就离开了，我又要独自一人旅行了。

樱花·温泉

樱花谷深藏在高黎贡山脉中，是一大片的原始森林，其间点缀了无数飞瀑和温泉。最特别的是，这里的温泉不是从地下冒出来的，而是从岩缝间流淌出来，像瀑布一样注入泉水中。水温较低，冬天去泡的话一定要选中午有阳光的时候。由于是新开发的风景区，离腾冲市有22公里，交通问题让我头疼了许久。因为没有班车可乘，而且有漫长的上山的弹石路，骑自行车也无法到达。唯一的办法就是包车，对独自旅行的人来说又太贵了。我厚着脸皮在青旅的告示板上贴了征求拼车的纸条，居然很快就有了回复。于是泡温泉小分队组成了：四川美女一家三口，同住青旅的山西男，还有临走前1分钟加入的广东女生。

树屋很可爱，
爬上去视野
很好。附近有
几株樱花树。
这里冬天开粉樱花，
春天开白樱花。
据说春天里开的是樱桃花，
会结很多樱桃的。
陷入满
足的想
象中
……
去温泉的路
一直是下坡，
只是回来
就变成
上坡
了！
风露池
哇，泉水从高山
岩缝流下来。
水好绿好清啊！
玉女泉旁有古
老的侏罗纪时
期的树。
桫椤树和恐
龙是同级生。
巨大的藤类植物
十分粗壮。
有女生
爬到藤
上去玩，
身手矫健。
人果然是猴子变的！

我尝试去爬了一下这个庞大的根系，发现每一根分杈都很粗，而且十分光滑，非常难爬。如果有尾巴的话，可能情况会好一些。

古树庞大的根系裸露在岩石外面，那盘枝错节的根部宛如一个巨大的迷宫。第一眼看到它的时候，我冲口而出：“好可怕。”这其实是一种敬畏。大自然太神奇了！

樱花谷的三个温泉中，云碧泉最大，人工的痕迹也最重，很像温水泳池。玉女泉由于照不到阳光，温度有点低。我们决定还是回到风露池去泡。风露池比较有野趣，而且没有人，很有泡私家温泉的感觉。

小牢骚：
换衣服的屋子太小了，地上也不太干净。

从樱花谷回到和顺，这群临时的玩伴也都散去了。幸运的是，在青旅的多人间又住进了“小慢”，在她的带领下，我又认识了新的游伴。

反正我叫他八戒他爹。

从丽江捡来的小狗八戒。

嘉木

做茶叶生意的河南女生，一心想在和顺开客栈，正在找房子。

加菲猫

昆明女生。

小慢

做什么事都奇慢。也是我后来在丽江的游伴。

采草莓去喽

自从认识了小慢一伙人，我就放弃了做游客，过起了和顺人的生活。每天早睡晚起，在客栈里喝茶、晒太阳，想吃水果了就自己去果园里摘。和顺古镇附近有很多果园，当然也是要付钱的。

赌玉的诱惑

对东方人来说，玉承载着太多的信息。它可以是王权的象征，也可以是定情的信物，甚至是人生的命运之轮（比如贾宝玉那块生而有之的宝玉）。来到腾冲，就必然会和玉石打交道。早在500年前，腾冲的马帮在缅甸无意中发现了翡翠，从此，无数腾冲人涌入缅甸做起了玉石贸易，腾冲也变成了一座玉石中转站。如今，和顺著名的古宅中有许多就是当年翡翠大王寸尊福、张宝廷等的老宅。如今的腾冲，玉石交易依然兴旺。玉文化早已渗透到腾冲人的生活中，成为腾越文化不可分割的组成部分。所以即使不打算买玉，我也依然起了大早，跟随必美大院的女主人前往市内的玉石交易市场养养眼。

还有一个最大的目的，是想亲眼看一下传说中的赌玉。赌玉，又称赌石，是一种古老的玉石材料的交易方式。因为目前还没有一种科学方法能有效测定深藏在矿石里面的玉，所以在粗黑的石坯里可能藏着价值连城的玉，也可能什么都没有，这时就要看购买者的眼光和运气了。买家买下原石后开石检测，有可能出现成色极好的翡翠，买家由此暴富，也可能是血本无归。这种传奇在腾冲时常上演，听起来就叫人热血沸腾！

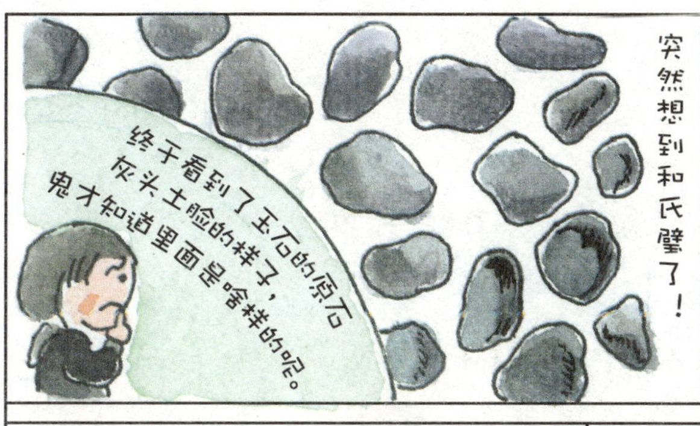

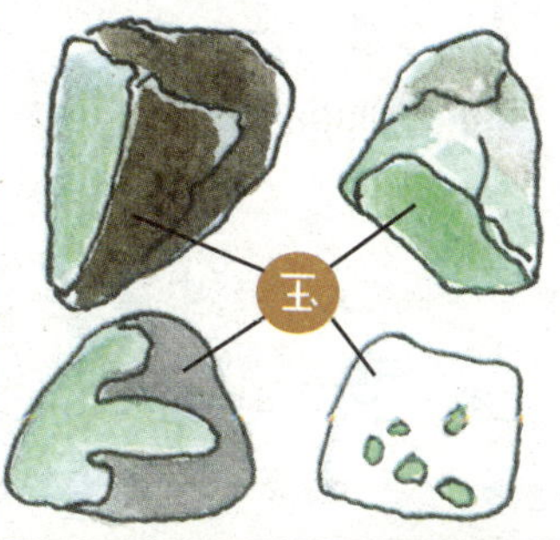

有摊主热情地让我看一块巨大的黑石头，说是里面一定有美玉。

买不起，就摸摸好了。

我看中了一块墨玉的原石。已经开了个小口，乌黑润泽，像有魔力一样。

我喜爱原石远远胜过那些雕琢完的配件，因为原石有无限可能，这就是所谓璞玉吧！

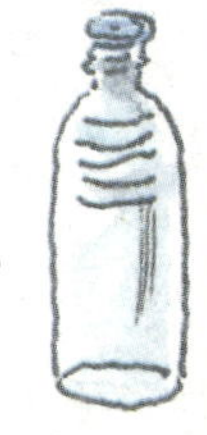

将水浇在石头上，然后用小灯照射。我围观N久，什么名堂也没看出来，也不明白人家到底看出了什么。

最终，也没有看到很刺激的赌玉场面。人生啊，就是这么充满遗憾！

从腾冲重重叠叠的大山中转出来，
经过5个小时，
看到入夜时分的灯火阑珊，
闻到蛋糕店里蒸腾的香气，
我差一点就潸然泪下了。

曾经以为大理是没什么看头的城市，
却是我旅途中最温柔的停留地。
冬天的萧索被挡在了城外，
樱花与山茶在12月怒放。
因为贪恋着这如春的温暖，
我久久不肯离开。
直到新年来临，
才挣扎着前往下一站。

如今回想起来，
这次旅行，
最爱是大理。

最爱是大理

重返人间

在和顺享受够了乡村的宁静和单调，我开始思念城市生活的繁华和喧闹。人啊，就是这么不知足。靠着一枚和顺咸鸭蛋，我撑了6个半小时，饿得眼冒金星时，终于到了大理。坐在车上，看到那些亮着橙色灯光的小店，马路上车来车往，突然有一种重返人间的感觉。

大理的夜生活还挺丰富的，但在12月里，晚上还是挺冷的，酒吧街也显得有点冷清。不过，烤着篝火喝啤酒的感觉其实也很妙。

酒吧的演出是露天的，还生了篝火，我们围着篝火点歌。这里歌手的主打歌是许巍的，我点了陈奕迅的《富士山下》，结果歌手不会。嘻嘻，我好像破坏气氛了。

回到三塔国际青旅已经快12点了。这家青旅不在古城内，交通实在不方便，要靠客栈的车接送去古城，再换车去别的地方。青旅附近是一些民居，很静很静。房间超大，多人间也带有卫浴，价钱也很便宜。可是设施大多有问题，住得不舒服。喜欢安静，打算在大理长住的人或许可以选这家。

第二天一早，我就逃离了这家什么都坏了的三塔青旅，住到古城里的春夏秋冬青年旅社了。从外观看，这家青旅很不错，有宽大明亮的公共空间、整洁舒适的标间，可是多人间却实在糟糕，床小得像儿童床，洗澡间窄小到我这样极瘦小的女生转身都不能……我一直觉得多人间是青旅的精神所在，所以对这家青旅没有太多好感。

就是这小小窗户框出的一幅冬暖花开图才让我留下。

大理地图
洱源
至丽江
大
丽
公
路
蝴蝶泉
上关
南诏风情岛
双廊
周城
玉几岛
海舌
喜洲
洱
海
挖色
小普陀
鸡足山
苍
山
友情提示
从双廊至海东
这一段沿海公路
尚在修，路况十分
不好，还是坐车
或者徒步游玩
比较好！
海东
天镜阁
崇圣寺三塔
金梭岛
才村
码头
腾冲
至保山
大理
古城
洱海码头
洱海公园
大理市
下关
祥云
至昆明
一起骑车去吧！
巍宝山

最爱是大理

几年前第一次来云南，有跟团去过的朋友提醒我："大理很一般，可去可不去。"由于时间有限，我便放弃了大理。可是在大丽公路上看到那碧绿田野上升起的薄雾，白墙青瓦的白族小房子点缀其间，阳光投射出的光束穿透云层，苍山随着光束的变换忽明忽暗，那一刻，我就后悔了。

这一次，我再也不要错过大理了。12 月底，一年中最寒冷的日子，我来到了大理。忽然间，眼前樱花如云，嫩柳轻拂，裹在羽绒衣里紧缩的身体舒展开来了，就好像有支仙女棒突然幻化了时空，春天就这么瞬间降临。

这是一块为苍山和洱海护佑着的福地。汉代，此地称为叶榆。唐代南诏在这里建了紫城。如今我们所看到的大理古城，建于明代洪武年间。四周矗立着的高而厚重的城墙，显示出它也曾经有过狼烟四起的时光。然而，随着时光的流转，如今这城墙好像一个摇篮，守护着一个严冬之外难得的春天，也守护着一份难得的悠然自在的生活。

古城内除去一条贯穿南北的大街，其余皆是棋盘状的深街幽巷，纵横交错。青瓦白墙的房屋格外清爽，还描画着白族人喜爱的图案。清亮的流水从脚边的水渠流过，这是从苍山上引来的雪水，经过古城，直流到洱海里去。走在青石板铺就的街巷中，不由自主就会哼起那句"大理三月好风光……"。虽然是最简单不过的旋律和直白的歌词，却似乎最能表达我此时的心情。

也许是旅途太辛苦，也许是大理真的有一种家园感，总之，来到大理，我就再也不想动弹了。这里拥有一切和幸福有关的事情：青山苍翠，洱海碧蓝，阳光温暖，鲜花常开，还有天空中舒展的白云，白族人友好的笑脸……

云南有那么多美好的地方，
可是，只有大理，是我愿意长住一生的。

曾经，我对人们用“风花雪月”四个字形容大理并无好感，觉得纯属炒作。可是真的来到这里，我才发现，没有比这四个字更能形容大理了。

苍山雪：苍山看起来并不很高，爬起来却是极为难爬的。在古城眺望，就已经能看到青山上的那一点点小白帽了。

下关风：下关现在是大理的新城区。这风并不浪漫，而是能把瘦子吹飞的烈风。在腾冲认识的重庆男二号，强烈推荐我去大理的奥林匹克广场感受大风。我没敢去，不过在古城我就已经感受到那股劲风飞沙走石的威力了。

洱海月：观洱海月色，要到双廊。那夜半的圆月大若银盘，整片洱海都泛着银光。

上关花：大理人爱花，不独上关，在古城里就足以能感受到花的灿烂了。

茶花之城

每天清早，就有很多阿妈背着一篓一篓的茶花来到古城。茶花被粗粗地剪成一枝一枝的，摊在樱花树下。那油绿的叶子和初绽鲜红的花蕾，让大理春意融融，完全感觉不到12月的寒冬。

大理是一座茶花之城，早在南诏国和大理国时期，王公大臣们就把茶花作为国花种在御花园中。17世纪，茶花被英国人引进，种在了白金汉宫的后花园里。

每一家餐馆的桌上，都有一瓶茶花，插在陶土罐里，既质朴，又清新。

现在的大理，茶花早已深入寻常百姓家。几乎每户人家的院落里都有几株茶花，有些甚至是上百年的山茶树。茶花是大理人生活的一部分，似乎冬天不在家里插上一束茶花，这个冬天就缺了点什么。

看到这满城茶花，顿时生出这样的念头：如果能在大理生活多好，每天都可以买一大捧茶花了。

大理美食不完全记录

鸡枞、鸡松、鸡脚菇、牛肝菌、竹荪、姬松茸……

菌菇火锅

菌菇火锅的美味只有在菌菇生长旺盛的春夏吃得到。我在12月的大理街头寻寻觅觅，只能见到一些不甚新鲜的菌菇了。

几年前来云南，错过了大理，如今来到了大理，又错过了菌菇火锅。看来，不同的季节都有必要来一趟大理。

烤乳扇

乳扇是产于大理洱源的奶制品，古城的各个角落都有卖烤乳扇的。乳扇是将鲜牛奶煮沸，按3:1的比例混合食用酸，炼制凝结成为薄片，再缠绕于细竿上晾干而成。当地人喜欢把乳扇烤得脆脆地吃。大多外地人吃不惯乳扇，当然也有特爱这口的。我觉得味道一般，不好吃也不难吃。

云南小粒咖啡

1892年，法国传教士田神父在云南一个叫朱苦拉的地方试种咖啡成功。这种小粒咖啡，种子颗粒较小，又称香咖啡，特点是香而不烈，浓而不苦。小粒咖啡多数植于海拔1100米左右的干热河谷地区，比如云南的保山、西双版纳等地。

最后我发现，还是在洋人街随便找一家店，沿街坐下，吃一大盘中西合璧的牛肉炒面，外加一大杯热巧克力最爽。

童话小屋
白族民居

在云南有一句俗语，白族人是“大瓦房，空腔腔”，意思是说白族人为了建造一所舒适的房屋，会节衣缩食，耗费毕生精力（这一点似乎和上海人很像）。他们以家庭为单位自成院落，既要住得舒适，还要能祭祀祖先、接待客人、储备粮食，甚至饲养牲口……

亦舒有一句话，时间花在哪里是看得出来的。因为白族人对住的品质如此追求，才有了今天我们看到的美丽的白族民居。

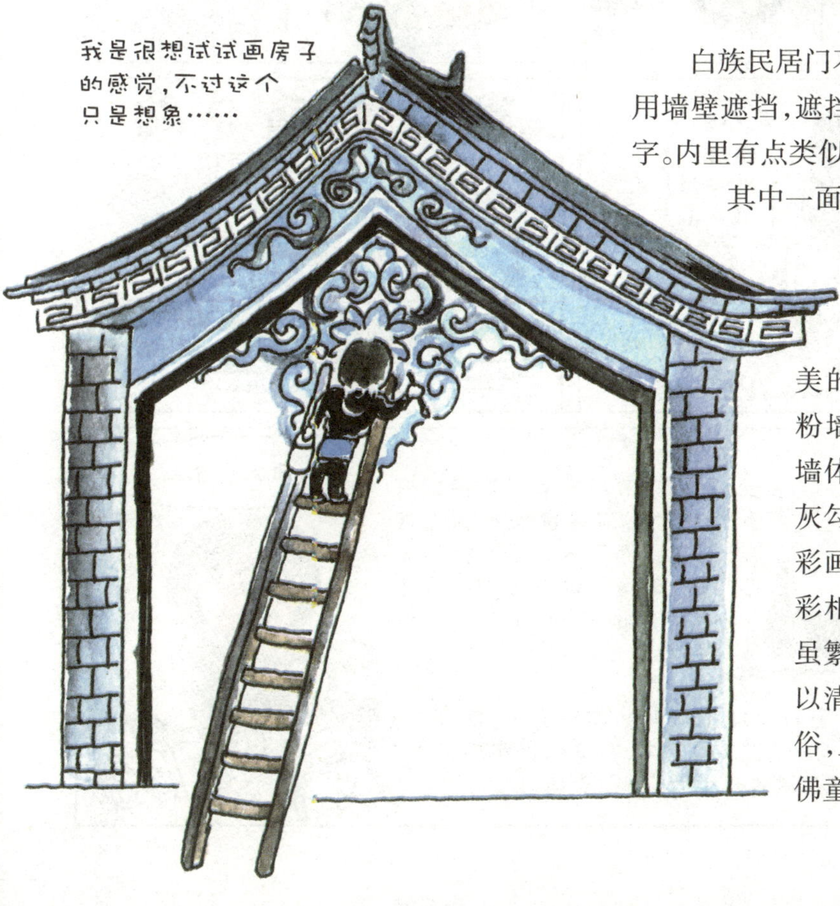

我是很想试试画房子的感觉，不过这个只是想象……

白族民居门不能直通院子，必须用墙壁遮挡，遮挡墙上一般写上“福”字。内里有点类似四合院，不同之处是其中一面为照壁，房屋也一般是两层的。

白族的一切建筑，都离不开精美的雕刻和绘画装饰。粉墙画壁尤为有特色。墙体的砖柱和贴砖都刷灰勾缝，墙心粉白。檐口彩画宽窄不同，饰有色彩相间的装饰带。图案虽繁复，色彩却淡雅，所以清丽古朴而不至于艳俗，立于苍山洱海间，仿佛童话里的小房子。

大理不靠谱骑车之旅

在重庆男二号的鼓动下，我终于决定用骑自行车的方式来游大理。虽然已经很多年没有碰过自行车了，可是听说骑车和游泳一样，学会就不会忘掉，所以就大着胆子上路了。因为知道自己会骑得很慢，拖别人后腿，所以没有约任何人同行。在腾冲时，一个女孩推荐我去喜洲下面的海舌，我觉得这名字很有趣，于是决定：就是它了！

崇圣寺三塔

崇圣寺三塔是我一直很想去的地方，可是这次来到大理却过门而不入，因为票价实在太离谱。好在古城的很多地方都能够看到它们的身姿，尤其是在大丽公路上。

崇圣寺三塔是南诏国和大理国时期的佛教寺庙，其最神奇之处是在大理国22代国王中，有9位出家到崇圣寺当和尚，所以又被人认做是“皇家寺庙”。

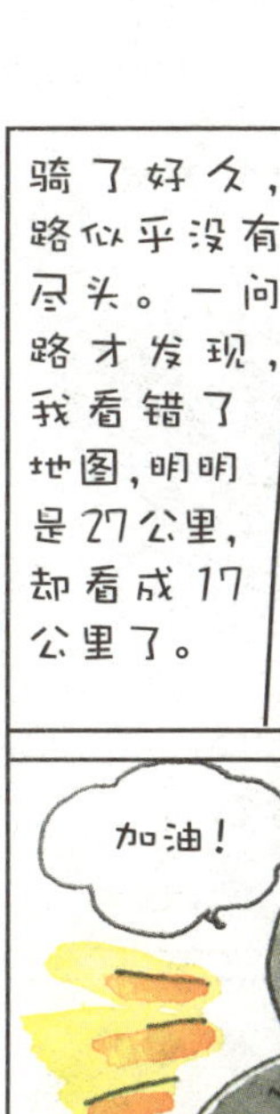
骑了好久，路似乎没有尽头。一问路才发现，我看错了地图，明明是27公里，却看成17公里了。

还有10公里。
怎么可能？

我看错了！
27公里

加油！

一通狂骑。
离目标越来越近了。

喜洲到了！
先去海舌吧！

弹石路
从喜洲到海舌的路好糟！
屁屁好痛！

途中会经过美丽的村庄，洱海边开满了金灿灿的油菜花。
12月的油菜花！

我喜欢海舌这个名字。海舌难道就是大海的舌头？从地图上看，海舌是一段延伸到大海中的长条形的陆地，三面环海，视野极开阔。

蜂窝民居

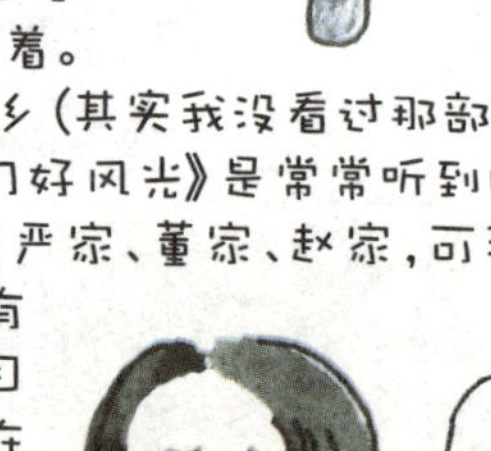

从海舌回到喜洲，在古老的白族民居中随意逛着。这里是五朵金花的故乡（其实我没看过那部电影，当然主题歌《大理三月好风光》是常常听到的）。最著名的大户人家是严家、董家、赵家，可我还是喜欢更后面一些没有为游客准备旅游项目的老街巷，世代生活在这里的人们平静地过着自己的日子。

著名的破酥粑粑。

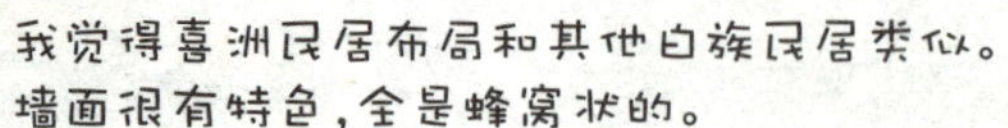

我觉得喜洲民居布局和其他白族民居类似。墙面很有特色，全是蜂窝状的。

疯狂圣诞夜

今天是平安夜，却是我度过的最不平安的一夜。大丽公路长达10公里的堵车，大理古城疯狂的圣诞夜，人手两瓶泡沫喷筒，不管认不认识都是一通狂喷，人群拥挤到脚都没地放。躲进一家印度餐馆当做和平饭店，度过了这个疯狂的平安夜。

海与天的寄居地

双廊是洱海边的一个小镇。在双廊开咖啡馆的画家沈老师跟我们说："双廊原来叫'拴郎'，就是姑娘要拴住小伙子的意思，现在取谐音就叫双廊了。"双廊紧邻洱海，是未被太多游人骚扰过的小镇，白族人把房子描画上美丽的图案，空气里是渔村特有的鱼腥味。如果你愿意，还能探寻到古老的南诏国的影子。双廊吸引了赵青、杨丽萍、苏童等一群艺术家，在这里为自己打造了另一个家。双廊是个特别的地方，它忽而让你感觉到白族渔村的质朴，可是当你面对赵青的青庐时，又会突然感受到现代建筑的冲击。入住那些洱海边的客栈，我又忽然迷惑起来，这里是威尼斯还是希腊呢？

在双廊的海边，有很多可爱的客栈，我觉得这些客栈本身就是双廊美好的风景之一，是我见过的最美的客栈。

海地生活(Sky & Sea Lodge)

地址：双廊大建旁村(位置略偏，不太好找)

电话：0872—2461762

其实，知道双廊，是因为无意中在网上看到海地生活的照片，惊叹真的有这么美的地方么？等真的见到它，才深信一切都不是PS的，是真实的。

沧海一粟

地址：在双廊镇政府门口下车，魁星阁广场附近有指示牌。

电话：13099854492

沧海一粟是一名建筑师的dream house，也是我在双廊最喜欢的地方。因为它，我才赖在这里，总是找出各种借口再多混一天。

粉四

又叫Lady Four，初看到这个名字，我当是四个女生开的客栈，立马想到了《欲望都市》。后来才知道这是杨丽萍的四妹开的客栈，是双廊最贵的客栈。

(最新消息，在海地生活旁边，更贵的客栈诞生了！)

晴天　有巨大的落地窗，看海景超好。房间也格外大，感觉清爽舒适。

水时光　很温馨的小客栈，老板是刚结婚的小两口，住在这里很难不被老板娘的热情和孩子气感染。

海地生活

记得住在海地生活的第一晚，我打电话给正在腾冲的晓戈，叫她一定要来双廊住在海地生活。她很困惑地问："什么海地？"我大声解释："就是地中海倒过来，就是海地了！"她听了大笑起来。住在海地生活这家客栈，还真有身处地中海的感觉。

海地的风格比较乡村风味，有一种自然与随意。房间的格局十分通透和 open。喜欢住在这里的大多是背包客。

看到大树，
就知道村庄到了。

双廊紧邻洱海，附近皆是小小的白族渔村。每个村庄都有好听的名字，村口都有一棵几人抱的大青树，用几百年的时光雕刻出今天茂盛的树冠，庇护着世代在这里生活的人们。

我住的村庄叫大建旁，紧挨着的村庄叫岛依旁。我经过 N 次，全都看做了“鸟依旁”，每次经过都不由得在心里赞美一下，多好听的名字啊。直到晓戈来的那天带她去玩，才发现原来这村庄叫“岛依旁”。

每个村庄都有一段海岸线，岛依旁村有个前往南诏风情岛的小码头，修得极为宽阔平整，却少了渔村的自然韵味，可是骑脚踏车、遛狗却极为适宜，这就是所谓的“有失有得”吧。

渔村生活当然和鱼有关。我最爱看的是每天傍晚渔人出海撒网，落日把洱海照得金光一片，渔人的小船只剩小小的剪影，在这片金光中自由穿梭着，画意十足。

乳扇的制作

每天早晨，白族人把刚挤出的新鲜牛奶倒进大锅，加入一种酸浆（难怪我总觉得乳扇吃起来酸酸的），用一根木棍不停地搅拌。渐渐的，牛奶越来越稠，最后就变成了胶状的半固体奶酪。再把奶酪拉成扇形，缠绕在一根根木杆上晾晒。这时候奶香四溢，同时也吸引来大批的苍蝇和小昆虫。

唉，有时候没有看到大可以当不知道。可是，如果想继续吃乳扇，就只好选择性失明了。

双廊的本主崇拜

大建旁村有一座看起来像寺庙的建筑，叫赤男行宫。我迷惑了很久，也不知道到底是供奉谁的。直到回家后才查到，这是大理白族特有的本主崇拜。本主是村社的保护神，是“本境福主”的意思。大理的本主崇拜始于唐代南诏国时期，只要是白族聚居的村寨，几乎都有本主庙。本主崇拜的对象和内容十分广泛，它包括了神佛、菩萨、君主、将军等，还有民间传说中的英雄好汉，甚至连一些大石头、树疙瘩、猪、狗等都可以作为本主崇拜的对象。

在客栈遇到一个在双廊待了很久的“驴子”，向他询问赤男行宫的意思，结果……

婚宴流水席

12月底，双廊的村民们最忙碌的事就是办婚礼了。一家结婚，全村出动，流水席一办好几天。屋门口支起大锅大灶，十几个妇女刷碗洗菜，忙得团团转。

双廊人家都很热情。只要经过办婚礼的人家，就一定会有人招呼你进去吃饭。当然，婚礼太多也有负面影响。因为全村人都出动吃喜酒，一吃就是好几天，所以装修、水电等工作都没人去做了。

竹编的篾箕用
来装油煎小鱼。

看着巨大的灶台和满满一
铁皮桶的土豆，就可以想到
流水席的规模有多大了。

在双廊最特别的一件事：

几乎每户人家的门上都写上了“xxx，明天来我家吃饭”这样的话。在大家早已熟悉用短信和电话来通知别人来家做客的今天，还有人用这么可爱的方式传话，可见乡邻们的关系有多紧密。

最自我的一天

今天的路线
我实在太了不起啦！
天生营
双廊镇
无班车前往挖色和海东，只能拼车或步行。
玉几岛
南诏风情岛
岛依旁
大建旁
长育
莲花曲
青山
村庄的名字都好美呀！
挖色镇
至海东和下关的交通十分方便，至双廊交通不便。
小普陀
海印
这一带渔船最多，特别有小渔村的感觉。
洱海的形状好像海马哦！
文笔村
特别宁静。依山而建，直伸到大海中去。有很多毛驴，建筑也很有特点。
天镜阁
海东镇
交通很方便，通往下关和挖色的班车很多。
今天是我这么多天以来最自由、最开心的一天！

第一站：挖色

挖色乡很小，一会儿就走到头了。洱海边的水草长得很有趣，附着在水下的石块上，一簇簇的，很像美发店里陈列的假发，卷度还各不相同。

坐上前往海东的班车，发现路况较之前更差，但是洱海更为宽阔，完全就是广阔的大海的感觉。在挖色到海东的途中，有一个小村庄一闪而过，却有一种特别的气息。我看到村口的大石头上写着：文笔村。在海东稍作停留后，我再次坐上海东返回挖色的班车，但是中途在文笔村下车了。

私家收藏最美村庄之文笔村

文笔村是我在洱海边经过的最美的村庄。它在峭壁之下，洱海之畔，沿着山势一直铺陈到洱海边，是一个有许多仙人掌和毛驴的可爱村庄。

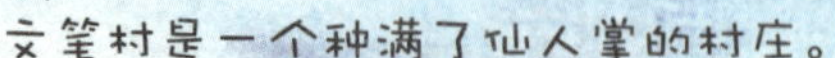

从大理古城到喜洲、双廊，我已经看过了很多白族民居，虽然有共性，可是又各有不同。大理古城的白族民居白墙的面积最大，着力精细描画、雕刻墙壁和门楣。喜洲民居将石块垒成蜂窝状。文笔村的建筑最为有趣，用砖瓦和石块进行各种形式的排列组合，装饰味道更浓，变化也最多，好像我小时候玩的搭积木。

文笔村完全不在旅游景区内，村民很少见到游客，小孩尤其好奇，围着照相机打转，很想被拍，又有点害羞。村中一切秩序井然，自成一格，比起双廊，更有一种超然世外的感觉。它是我在洱海边最惊喜的发现，也是我最喜欢的村庄。

面朝洱海·冬暖花开

到双廊50元。

太贵了，你送我去青山村吧。

其实我完全不知道青山村有什么，只是单纯觉得名字好听，决定去看看。

1 2 3 4 5 6 7

青山村的云是一朵一朵分开的。

那干脆就用走的
好了！
青山村
双廊
因为在修路，所以黄沙滚滚。
我把自己包裹得好像阿拉伯女人。
在海边的小
院落里，白
族人种满了
鲜花。劈柴
喂马，出海
捕鱼，这才
是真正的面
朝大海，春
暖花开……
洱海虽然很像海，可是毕竟还是湖，所以
还有不少树
可以在洱海
边郁郁葱葱
地生长。
没有风的
时候，
洱海泛着
极细的
波纹，
像细小的
鱼鳞。

今天的路线：

1. 双廊—挖色（顺风车）
2. 挖色—海印（步行）
3. 海印—海东（班车）
4. 海东—文笔村（班车）
5. 文笔村—挖色（面包车，疑似黑车）
6. 挖色—青山村（三轮车）
7. 青山村—莲花曲—长育—大建旁村（步行）

dream house 沧海一粟

记得看《浪漫满屋》时，我就开始幻想，自己如果有足够的钱，要住在什么样的房子里。我想，每个人都有自己心里的 dream house,都有一个“面朝大海，春暖花开”的梦想。可是陷于现实的泥沼中，我从未想过那是可以实现的。

当我第一次踏入沧海一粟时，我突然发现，好像拥有自己的 dream house 不是那么遥不可及的事情。

沧海一粟的老板是一位建筑师，在洱海边的小渔村，他亲手建造了这座梦想之屋。我看了他当初在电脑上做的建筑效果图，每个细节都在他的考虑之中，甚至包括阳光在清晨和傍晚投射的影子是什么样子的。

放弃大城市的生活，生活在物质相对匮乏的渔村，其实并不是想象中那么浪漫的事情。乡间生活的枯燥，孩子今后的教育问题，等等，一定要下很大的决心，放弃很多东西才能做到，至少我自问是做不到的。所以，此生可能我都只能在做关于 dream house 的梦。

我特别喜欢老板一家三口。第一次见到他们的时候，是圣诞节来沧海一粟无意中蹭了顿饭。看到老板的女儿，我忍不住赞美：“好像混血儿啊。”这时旁边一个一直闷声不响的男人开口了：“像老外那就坏事了。”我这才知道，原来他就是老板。老板是广东人，很温和，也有学问，呃，我觉得还有一点点闷骚。总之，因为有他们，沧海一粟才是真正的 dream house。

客栈常住人员还有：大黑狗一只，小花猫一只。它们每天都要上演一出猫狗大战。

不过，听说最近它们开始和好了，相敬如宾，走向了和谐之路。

沧海一粟 bolg:http://blog.sina.com.cn/chys2009。

白居咖啡

我觉得我这张照片拍出了白居的精神，很像一幅现代派的画。拿相机的是山东男生大丹，蒙着纱巾躺着的是北京的晓戈，忙碌干活的是老板沈老师，白色幕布是圣诞party时搭的。

白居咖啡的老板是上海的画家沈见华。如果不是乡音仍在，从他黝黑的肤色怎么也看不出是上海人。沈老师来双廊是为了让身体不好的太太可以有地方静养，所以白居非常安静，除了小狗认生会叫几声，就完全没声音了。沈老师对客人的要求也是：安静。而我们这群人玩兴正浓，哪里安静得下来。于是……

虽然沈老师对安静的要求实在太高，可人还是很好的。送给我们漂亮的明信片。

挖色赶集

住在客栈里，几乎每天都在辞旧迎新。我在沧海一粟小住 3 天，认识了许多可爱的人。大家决定去挖色赶集，于是我就陪同又去了一遍挖色。

挖色

挖色看起来是个很小的乡镇，非常普通，可是它却有着闪耀的历史。公元前 11 世纪，挖色境内的白族先民就在这一带建立了鲁白王国，创造了白族早期的鲁白文化。晋朝时，这里就是古代大理地区的政治、经济、文化中心。只是这些辉煌的过去，可能连挖色人自己都不知道。当然，这并不意味着挖色不值得一去，至少集市很热闹，到处是没见过的新鲜玩意儿。

毛豆腐

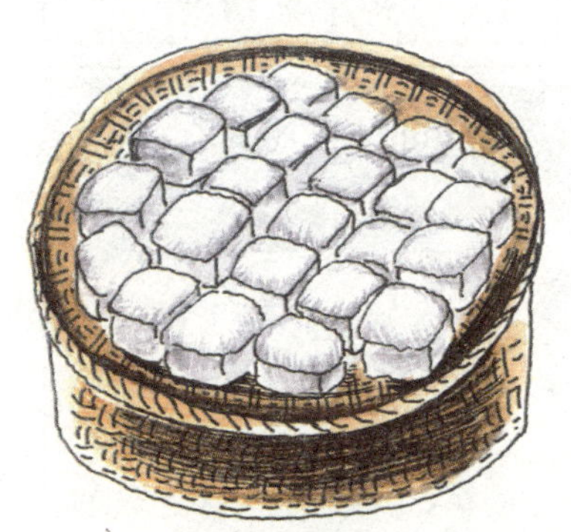

对食物我几乎是百无禁忌，蜘蛛蚂蚁蝎子统统没问题。可是当我看到这些长着长毛的灰白色豆腐时，不由得打了个冷战。不过，最后克服心理阴影，中午吃了一盘毛豆腐，味道和臭豆腐差不多。

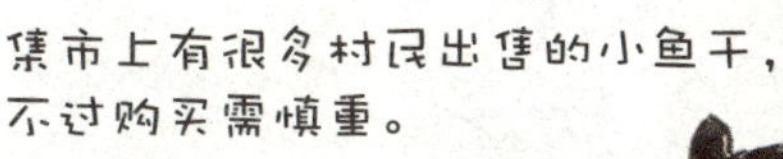

我们买的小鱼干硬如石块，就连客栈的猫都不愿意吃，真失败啊！

洱海边的新年烧烤

过完圣诞，元旦就到了。因为贪恋洱海的蓝色和沧海一粟的舒适生活，我把行程一拖再拖。在丽江等我的小慢早就警告我，再不去她就要去越南了。我终于决定，在双廊度过旧年里的最后一天，然后去丽江过新年。在双廊的最后一夜，月亮又大又圆，我们在洱海边搭起烧烤炉，吃得肚皮鼓鼓来迎接新年。

我吃，我吃，我吃吃吃

由于实在是不擅长劳动，别人又都实在太能干，我干脆不假装勤快，放开肚皮吃就好了！

新年の月亮

唉，我看我还是起来好了！

敲过12点没几个小时，我正睡得香，朦胧中晓戈就来推我了，叫我去看月亮。这么浪漫的事我上辈子大概也没做过。可是抵不住晓戈那招牌式的嗲声嗲气地叫着“哎呀，好美呀”，还是起来了。一推开门，就被月亮的清辉给迷住了，大冷天的，光着脚穿了双拖鞋就直往洱海边冲过去……

月亮看起来比我画的还要大很多。水面上倒映着月亮的银光。随着水波的荡漾，好像有许多尾银色的小鱼在追逐嬉闹。

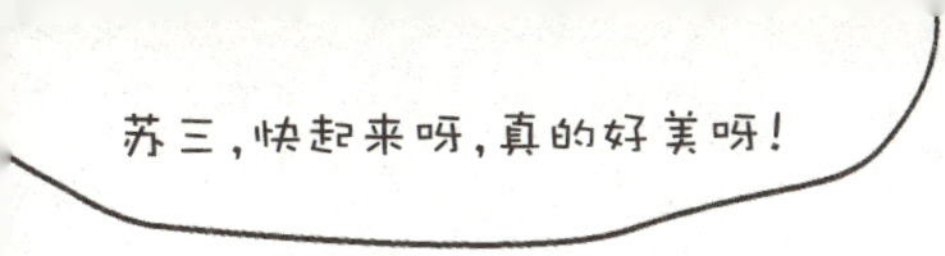

苏三，快起来呀，真的好美呀！

最完美的 ending

好了好了，我起来就是了！

吸取完月亮的精华，才清晨5点，我一头栽倒在床上又睡着了。可是不过半小时，我又听到晓戈在呼唤我出去看日出。干脆彻底放弃了睡回笼觉的打算，穿好衣服，看日出去。

其实沧海一粟的位置是背对太阳升起的方向的，看日落比较合适，日出会被房子挡住。可是湖水在初升的阳光下变化万千，山间的云把山整个裹了起来，一艘小渔船悄悄驶出港湾……一时间我有点怀疑自己并不是在云南边陲的小渔村，而是在威尼斯或者希腊。这是我们在双廊最完美的 ending。之后，我和晓戈都离开了双廊。

原本，
旅行已近尾声，
我只把丽江当做
前往香格里拉的中转站，
只想去看一眼冬天的香格里拉，
就返回寒冷的上海。

谁知道，会在丽江度过一段
极其不靠谱的时光，
至今，我还在怀念
这一段肆意大笑的日子。

现在，只要工作忙到抓狂，
就会想要回到丽江，
继续不靠谱的生活。

丽江的
不靠谱时光

丽江≠丽江古城啦！

走出古城，丽江还是有好多好玩的地方！

香格里拉

金沙江

虎跳峡

泸沽湖

四川境内的泸沽湖还没有被过度开发，会好玩很多。

我把金沙江涂成绿色，其实在大多数地方，金沙江是浑浊的黄色，可是它曾经真的很清很美。

玉龙雪山

束河

白沙

黎明

长江第一湾

石鼓

丽江古城

黑龙潭

老君山

拉市海

白塔寺

四川

为什么景点都集中在江的那一边呢？

云南最棒的银匠都出自这里。整个滇藏地区，开银饰店的几乎都是鹤庆人。

鹤庆

至大理

昆明

丽江的不靠谱生活

丽江实在太有名了，有名到我听到名字都有些腻了。我对丽江的感情有点复杂，几年前第一次到丽江时，被汹涌的游客们吓到了，几乎是逃离了这个地方。可是这一次，为了重返香格里拉，我把丽江当做了中转站，在冬季重新回到这里。没有了游人的古城不再涂脂抹粉，露出了原本清丽的面目。

丽江是纳西人的家园，现在著名的丽江古城始建于宋末元初。古城依傍于狮子山，引黑龙潭水入城，沿街分流，走巷穿户，杨柳飘拂，鲜花长开，溪流之上是大大小小无数座石拱桥……如此安逸富足，难怪有那么多人为它驻足，在这里安放自己的新家。现在的古城，外来人口远远超过了本地居民，他们被丽江同化，丽江也因为他们而有了改变。我觉得现在的丽江最有趣之处倒不是风景，而是汇聚在这里各怀心事的人们。每个人都有自己的故事：有的在丽江做流浪歌手，心里却怀着要唱到北京去的愿望；有的整天寄居在民宿里，大多数时候在天台晒太阳，偶尔去银饰店学打银饰；有的带着全部积蓄来这里开客栈……我想，人生其实需要偶尔地不靠谱一下，所以尽管只在丽江待了一周，我却做了很多疯狂的事情。

交通

上海、北京都有直飞丽江的航班，但是价格偏高，而且很少打折。也可以从昆明直飞丽江。可是我觉得如果不赶时间，应该坐火车或者汽车前往丽江，因为那一段路的风景极美。

汽车：汽车经过大丽公路再翻山越岭直达丽江，可以看到苍山在右，洱海在左。群山之中，山青土红，而且道路修得极好。

火车：昆明到丽江的铁路是这两年刚修的，途中穿越了无数的山洞，可以想象修筑的困难。火车很慢，停靠的小站很多。

我觉得还是坐汽车最舒适。

丽江冬暖夏凉，一年四季都适合旅行。可是如果想去周边的地区，6～8月的雨季道路泥泞，很可能会耽误行程，最好不要去。

住宿

住宿是个难题。丽江地区有太多的客栈，因为有太多选择，反而无从下手了。其实每一家客栈都很好，住下就是缘分。

千辛万苦到丽江

从大理到丽江，其实只需要3小时。我原打算从双廊到古城去乘汽车，客栈老板娘却建议我去双廊这边的火车站乘火车，据说沿途风景绝佳，不由得心动，决定坐火车了。没想到，就此踏上了一段极其乌龙的旅程。

清早起来跟客栈老板娘告别，很舍不得呢！

等了许久……

车还是不来！

无奈只好去找三轮车，谁知道被司机趁火打劫，漫天要价，却不得不认，因为火车不等人啊！

要不要坐车？

居然还慢悠悠拉客！

到达车站时，距发车还有5分钟，我还要爬一个巨大的上坡，真是使出了吃奶的力气啊！

还有5分钟！

通知

前往丽江的火车于1月1日起取消停靠。

遭受到巨大的打击。

在车站干活的民工告诉我，他们也是今天一早才看到这张通知的，刚才已经有游客失望地走了。我们的政府部门，就不能为老百姓多想想么？早点做好通知工作不行么？

大丽公路

在大丽公路上拦前往丽江的车未遂，因为今天是元旦。

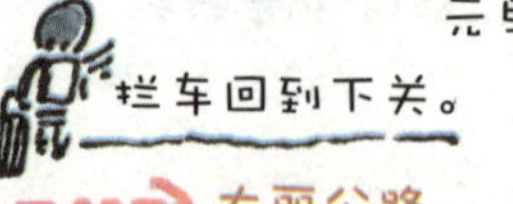

拦车回到下关。

大丽公路

从下关再坐车去丽江。

丽江班车

出发：清早7点。到达：下午4点。真乌龙啊！是不是我和丽江八字不合啊？

丽江·冬

到了丽江，我立刻去投奔在腾冲认识的小慢。她当时正在一个纳西人家的客栈斗地主，于是我就入住了。

这家客栈的主人都是纳西人，秉承了纳西族的风俗，男人玩耍，女人干活，忙里忙外的就是大姐一人（深深庆幸自己不是纳西女人）。

大姐是个很有个性的人，做事风风火火，说话也是直爽无比。清早 8 点便狂敲我的门，叫我出去玩。虽说 8 点是不算早，平日里这会儿我都快到公司了。可是，这不是假期么？尤其在丽江，8 点分明就是清晨啊，连早点店都很少开门呢。同理，晚上我也没法太晚回客栈，只要超过 11 点，大姐就会跟我说："今天你是最后一个哦。"我立刻羞愧无比。唉，我好像回到了有门禁的中学时代。

好吧，既然被叫醒了，就起来看看丽江的清晨吧。几年前来过一次丽江，印象并不是太好。那是 7 月初，丽江断断续续地在下雨。游客众多，我的假期有限，所以匆匆跟随人群逛了两天古城。再加上网上众多相约到丽江来找艳遇的帖子，看了叫人冒冷汗。其实这一次来丽江，也只是作为去香格里拉的中转站，有几次我都打算取消掉丽江这一站的。这里要感谢小慢，因为她，我再次来到丽江，终于感受到了丽江真正的魅力。也或许是老天爷不忍心我误解这个美丽的地方，所以再给我一次机会去了解它。

丽江是现代人起的名字，它的前生叫做大研古镇，那是800年前宋代时候的事了。这两个名字起得真好，完全写尽了这座古城的前世今生。

今天的古城，浮华喧嚣，五光十色，光怪陆离，夜生活堪比上海、香港，挤满了观光客、商人，还有专程来寻情或猎艳的人们……

可是，还好，还有冬季的清早。这时候，丽江渐渐隐去，大研古镇的面目浮现出来。初升的太阳驱散晨雾，有微微的暖意。风是清凉的，却没有寒意。高大的古树金黄色的叶子窸窸窣窣地掉下来，树杈间露出湖蓝的天空。不管游客们怎么闹腾，居民们一天的生活开始了。汲取井水，洗菜做饭。狗狗们探出脑袋打个呵欠，再接着晒太阳……沿着青石板的小路，找一条陌生的小巷，去寻找800年前的大研古镇吧。

古老的纳西族民居

涂成大红色
的木结构

青色砖瓦

长长的
垂鱼装饰

三角梅是我见过的最热烈的花。它们也是非常需要阳光的花卉，在尼泊尔和我国海南、云南，只要有充足的阳光，它们就会茂盛地生长。

在游人罕至的一些偏僻小巷，昔日大研古镇沉静的一面渐渐显露出来。驻足偷看这个年轻人练习毛笔字。其实，大研古镇历来就是重视文化、重视教育的地方。

巷口屋前，
永远会有老人在
抽水烟。那只大大的水烟筒，
即使到了上海，他们也是一定
要随身带着的。

古城里有一所小学，孩子们喜欢在露天的长椅上做功课。原本是很清新温暖的画面，却被一个摄影爱好者破坏了。他举起相机，对着孩子大吼，做出狰狞的表情，去抓拍孩子抬头瞪大眼睛的一刹那。

用打搅别人的方式去拍摄一张所谓的作品，我觉得是很低级的做法。也真的希望游客们能够少改变一点这里，多保留一点大研古镇的原貌吧！

所有讨厌丽江的人，请在冬天的清晨，逛一次古城吧！

东巴文化是一种宗教文化，即东巴教文化。东巴教是纳西族的一种原始多神教，信仰万物有灵。它是在纳西族的本土巫文化与后来传入丽江的藏族原始苯教基础上发展起来的，已有 1000 多年的历史，主要包括东巴文字、东巴经、东巴绘画、东巴音乐、东巴舞蹈、东巴法器和各种祭祀仪式等。可惜的是，丽江的商业发展太迅速，东巴文化在学者们眼中有着很高的地位，在纳西人中却出现了断层。

我喜欢听纳西古乐，喜欢东巴纸，最感兴趣的是东巴的象形文字。

客栈，是我在旅途中短暂的家，
所以，一定要好好挑选。

我平生第一次住客栈，是几年前第一次来丽江的时候。第一次住民宿，就爱上了那种家的氛围。和陌生人短暂地做了几天家人，之后还是会经常惦记。从此，我彻底抛弃了冷冰冰的宾馆，几乎是非客栈不住了。

我想住的客栈

1. 首先，不能太豪华，金碧辉煌的不要。不仅是价格问题，我害怕豪奢的装潢与摆设，人仿佛成了房子的附属品。可能是我穷人做惯了的缘故。

2. 闹中取静，环境清幽，最好有大大的庭院和漂亮的露台。

3. 有一个亲切可爱的老板，最好……还有一条威风的大狗，就更完美了！

这是我几年前来丽江时住的东巴客栈。这个有点凌乱却又温馨的小客栈，给了我家的感觉。

这条叫豆豆的小白狗，非常乖巧听话，即使看到客人在吃肉，也不会骚扰。

在丽江，无狗不成客栈。我看到一条古牧，不知道是哪家的，跟了许久还是跟丢了。好想住在养古牧的人家啊！

丽江客栈价格（非国定长假）

标间：

50～60 元（房间较小，也无特色布置），

200～500 元（观景位置非常好，装修很有特色）。

如果要长住包月的话，可以去古城边缘的一些民宅，一个月才 600 元左右。

一吃成名

话说这一天，我被小慢带到了一家名叫“飘在中国”（好有气魄的名字啊）的客栈烧烤。同行的有东北男生朗狼，准备在丽江开客栈的面饼和草饼小夫妻，自然还有小慢和“飘在中国”的两位掌柜的。

“飘在中国”的两位刚满20岁的年轻小掌柜，烧烤功夫一流。

我文不会串菜，武不能烧烤，没有想到居然一吃成名。接下来的日子里，大家总担心我吃不饱，经常会问：“饿了么，要吃点啥么？”

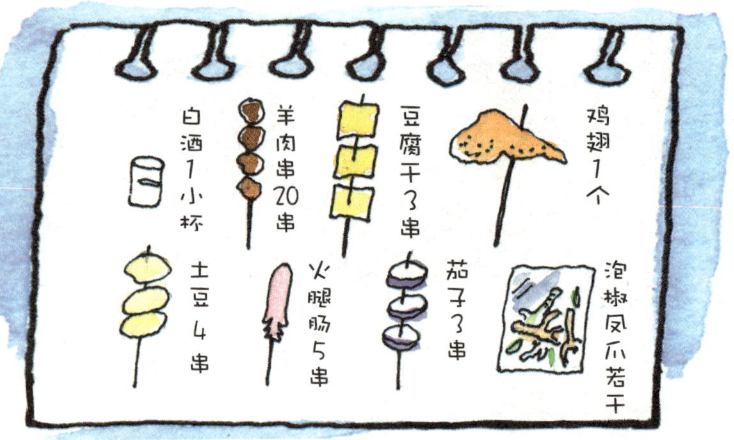

鸡翅1个
豆腐干3串
羊肉串20串
白酒1小杯
泡椒凤爪若干
茄子3串
火腿肠5串
土豆4串

我好像是吃得太多了一点，可是，真的太好吃了。

在众人的注视下，我这个毫无贡献的人，终于开始感觉到羞愧了。

东北男生：朗狼
贡献：买菜

在丽江准备开客栈的小夫妻面饼和草饼
贡献：串菜

我在腾冲认识的小慢
贡献：买菜

大冰的小屋

在丽江，我最害怕的地方
就是酒吧街。
震耳欲聋的噪声，
歌手声嘶力竭的叫喊，
除了欲望，什么也没有。
还好，丽江还有另一种酒吧，
这些酒吧面积不大，设施简单，
位置也比较偏一点，仅容十几
个人挤坐在一起，几名原创
歌手轮流唱着自己的歌，
沉浸在唱歌的快乐中。
冬夜，突然变得好温暖。

推荐酒吧：

大冰的小屋、江湖、低调。

才1碗已经微醺了。

强烈推荐

据说没有女生喝完了碗还不哭的。

店中自制的梅子酒，初喝有果汁的甘甜，等到脸红心跳，方觉这是个温柔的陷阱。

十八九岁的创作歌手小植。

大冰不在，酒吧的代理Joy。帅，唱歌很好听。

小植平时经常在
大石桥或者小石桥
唱歌并且卖自己的碟，
或许你能碰到他。
我很喜欢小植，虽然我
觉得他的创作还有很大
的进步空间，可是他毫无
江湖气，那种执着的纯真
让我觉得很可贵。

丽江美食录

其实在丽江，我每天都为觅食而烦恼。丽江古城里的食物也就是吃个环境，味道实在没什么可圈可点的。好吃的全在新城区，可是大多不适合一个人吃，所以要发扬皮厚的拼吃精神，才能对得起自己的胃。

No.1 火锅

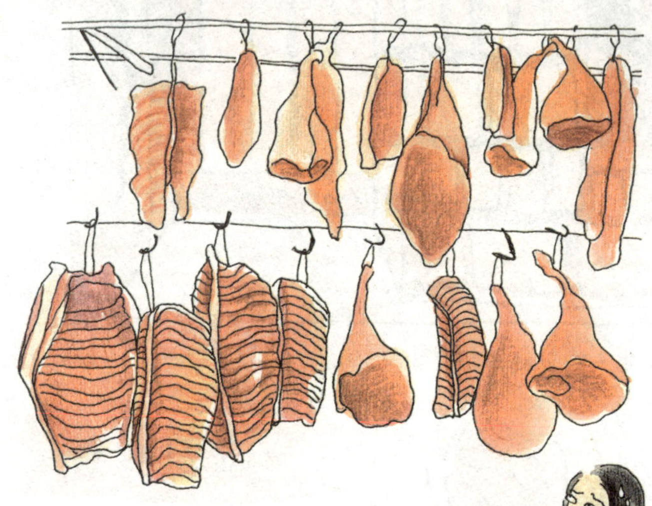

丽江的美食首推各种火锅。

A. 腊排骨火锅

丽江的腊排骨是风干的，只加盐腌过，有股独特的腊肉香味。投入火锅清炖，无需任何调料，文火炖开至汤色醇白即可，排骨软糯而不离骨。也有将土鸡和腊排骨一起当锅底的，汤头的鲜美更有层次感。

地址：象山市场的腊排骨最为有名。

走进腊排骨火锅店，看到挂满整面墙的腊排骨，感觉自己到了新龙门客栈。

B. 黑山羊火锅

黑山羊肌纤维细，硬度小，肉质细嫩，味道鲜美，膻味极小，脂肪与胆固醇含量都很低，所以很适合女生吃。还具有滋阴壮阳、补虚强体的效用。

地址：金凯广场。堪称黑山羊一条街，每家味道都差不多。

35~40元/斤。

白色韭菜根是丽江的特色蔬菜，据说有提高男性性能力的奇效。

蘸水：也就是我们所说的调料。

丽江的火锅调料很特别，是由腐乳、干辣椒面和香菜组成的，再加一勺火锅汤进去调匀，就是绝佳调料了。

C. 牦牛火锅

牦牛浑身都是宝，牦牛肉更是被称为“牛肉之冠”，富含蛋白质和氨基酸，尤其适合在高原上吃。

地址：尼玛藏宗风味园。

对于独自旅行的人来说，想吃火锅很困难。火锅就是要热热闹闹地纠集一帮人吃才好，总不能独自点上一个火锅和一桌菜，那也太惨了。所以，考验你皮厚程度的时候到了，好听点说，就是交际能力。其实，一同吃一次火锅的陌生人，说不定就是相见恨晚的好旅伴。

我超喜欢这种老式大铜锅。

烟雾腾腾，把人的脸都遮住了，很有趣呢！

这是几年前我在丽江和一群陌生人吃火锅，很开心。

除了火锅，我并没有觉得还有哪样美食有绝对压倒性的优势，所以，以下排名不分先后。

1．纳西烤鱼

纳西烤鱼和版纳烤鱼有很大不同。相比起来，纳西烤鱼调料更多，烤得也比较焦，最重要的一种作料是豆豉。一般烤鱼有鲫鱼和鲤鱼两种，会在鱼身上划开一些切口，使之更入味。

2．鸡豆凉粉

鸡豆凉粉是我最爱吃的丽江小吃。顾名思义，我还当是鸡肉和豆子做的凉粉，后来才知道，鸡豆是丽江特有的一种豆类，属黄豆科，因其形状像鸡眼睛，被叫做鸡豆。鸡豆凉粉看起来黑乎乎的，却很有韧劲，非常美味呢。

3．姜糖

我对姜糖没什么兴趣，对姜糖的制作却超有兴趣。是将黏稠的糖丝缠绕在木棍上，不断扯动，像跳舞一样。

很费力气的样子。

姜糖的味道很像小时候吃的叮叮糖，卖糖人用小锤子在一大块糖上敲敲打打的，味道甜甜黏黏的。

4. 梅子姜茶

梅子姜茶是我要隆重推荐的饮品。梅子的酸甜味中和了姜的辛辣味，尤其在冬天，喝上一杯滚热的梅子姜茶，人打心底里就暖了起来。当然，我这般强烈推荐也不全是因为梅子姜茶的美味……

上午9点 → 中午12点

起得太早，店铺都刚开门，冲过去要一杯梅子姜茶却被拒绝了。

现在不能卖给你。

卖姜茶的男生说，熬煮的火候还没到，味道不够好，所以不能卖给我，要我过几个小时再过来。

喝姜茶，晒太阳，冬天真好！

3小时后，我再次逛到那家铺子，小男生笑容可掬地倒了一杯姜茶给我。

5. 甩手粑粑

一块面，放在铁板上拉来抻去，就成了一块薄饼。夹上鸡蛋、香菜和萝卜干，就是甩手粑粑了。味道和山东大煎饼差不多，当早餐吃十分不错。

6. 黄豆面

黄豆面其实就是汤面里加上油炸好的黄豆和葱花，味道清淡得跟上海的阳春面似的。如果头天晚上吃多了腊排骨，隔天倒是可以尝尝黄豆面。

水清有鱼 黑龙潭

鱼吃东西的时候，嘴巴好可爱。

一座古城，一定要有水才够灵动。黑龙潭就是丽江最美的水。它在象山脚下，追溯玉河前行，就能找到黑龙潭了。这里原是丽江的龙王庙，庙旁皆是汩汩清泉，积成了这一潭碧水。传说池底有黑龙盘踞，由此得名。

当然，我没有看到黑龙，泉水倒是活泼地吐着泡泡涌上来。有老人家专门来这里接水，说是比自来水好喝多了。这样的清泉汇成的潭水自然也是清澈无比。水中有无数尾赤红的大鱼，和碧绿的湖水相映衬着，明丽活泼。只是，真的不适合黑龙潭这么有杀气的名字。

静静的束河

束河是离丽江古城不远的一个小山村，有着比丽江还古老的历史。它是纳西先民最早在丽江坝子的聚居地之一，也是茶马古道上保存完好的一个重要集镇。如果你想逃离丽江的喧闹，那束河一定有你想要的宁静。

玉龙雪山的冰雪融水一路倾泻，束河里满是清亮的流水，有冰雪的味道。最叫我印象深刻的是束河的水草，那真的是一束束的，横着漂浮在水中，油绿而光亮。徐志摩若是来到束河，想必也是要歌颂一下束河的水草的。

生活在束河，似乎是用不着冰箱的。人们习惯把啤酒和饮料放在小篮子里，用绳子吊着浸在水中，过一会儿拉上来，就成了冰镇的了。

这棵苹果树果实累累到树枝不堪重负，几乎要垂到地上去了，于是主人干脆用巨大的网兜兜住果实，也避免了苹果砸到脑袋的事情发生，反正牛顿已经发现了万有引力。

似乎家家都有苹果树，这是我第一次看到苹果长在树上的样子。

卖草莓的人在古老的小巷里来回兜售新鲜的草莓。

束河是著名的皮匠之乡，可是如今狭窄的巷道里全是卖扎染的围巾、裙子和桌布的店铺。几乎没有女生能抵挡住诱惑，不买点什么似乎也太对不起眼前的琳琅满目了。

我买的麻布衣服。太大了，其实不合身，可是实在喜欢上面的图案，还是买了。

最爱染坊

我觉得染坊是束河最好玩的地方。大理、丽江一带的居民采用扎染的方式制作布艺制品，于是便诞生了大大小小的家庭染坊。染坊一般在一些小村庄里，丽江古城的黄金地段只做销售，并不能参观到染坊。束河的染坊，也不是扎染的第一现场，但至少能够看到一些扎染的道具和原料。

比起丽江那些出售扎染制品的商铺，束河的染坊显然要有气氛得多。刚漂洗完毕的巨幅作品悬挂在院子里飘呀飘，晒着太阳。主要的颜色是靛蓝、玫红和大红，还有少量的绿色。院子的一角有巨大的木桶和一些工具。大多数时候，染坊都十分安静。

扎染小课堂

扎染起源于黄河流域，但中原一带却早已见不到从事扎染的手工艺人了。如今，这种东晋时便已流行的民间工艺被白族人民继承下来，仍在广泛使用，可能算是中国民间艺术中最为活跃的一种了。扎染的工艺并不复杂，谁都能学会。当然要制作大幅的精美图案，那就要靠经验和艺术感了。

候鸟的冬天·拉市海

交通：拉市海离丽江很近，只有8公里。

1. 出租车前往，费用15元。

2. 在古城内的忠义市场搭客货两用车，车窗上写有拉市海、海北或海南字样的均可，票价3~5元。

拉市海附近的村庄很美，我喜欢冬天时高大的草垛。

我敢担保，在你入住丽江客栈的第一时刻，老板就会向你推销去拉市海骑马。拉市海是丽江附近一片美丽的湿地，碧蓝的水和漂亮绵密的草滩，非常值得一看。可是，骑马……我就不推荐了。所谓环湖，并不是在水边沿湖行走，而是在附近的山坡上眺望湿地而已，价格也很贵。最重要的是，我觉得拉市海附近做骑马生意的人有些势利。希望那只是我个人的感受。

如果可能，真希望每个人都能看到冬天的拉市海。在其他季节里碧绿的草滩此时变成了一片灿烂的金黄色，无比纯净，不掺一丝杂色，倒映在碧蓝的水面上，仿佛是用彩色笔涂抹出来的。

拉市海的湖面很大，可以划船。只是我觉得价格有些贵，还不如去附近的村庄转转呢！

拍鸟小技巧

如果你小时候用弹弓打过麻雀，就很容易想到该怎么拍鸟了。
那就是观察鸟飞翔的方向，提前瞄准鸟儿即将飞过的那片天空，
就能从容不迫地拍到鸟了。

如果在这里
看到鸟

就要预先把
镜头瞄准这里

终于拍到鸟了！

虎跳峡

虎跳峡东有玉龙雪山，西有哈巴雪山，是世界上最深的四大峡谷之一，以险闻名。传说有猛虎借由江中巨石，一跃由玉龙雪山跳到了哈巴雪山，此处便被叫做了虎跳峡。峡谷全长 18 公里，分上虎跳、中虎跳、下虎跳三段，峡谷垂直高差 3790 米。两岸高山有山石风化，常有巨石坠入江中。这里即将建立水电站，到时候可能险峻的风光会大为打折，所以还是趁早去看看吧！

观赏虎跳峡的方式有两种：

1．从虎跳峡风景区沿人工修建好的道路可以轻松走到上虎跳。

2．从桥头镇开始攀山徒步整个虎跳峡（道路非常险，突发状况多，量力而行很重要）。

小心落石，
走路靠里！

被管理员叫得很心慌，觉得应该戴顶钢盔来才对。

老实说，以安全的方式游览虎跳峡会经过一长段非常乏味的道路。金沙江浑浊而平缓地流淌着，两岸的山石和三峡的构造相似，有管理员不断拿着喇叭在景区内巡视，提醒游客小心山上滚落的石块。这路仿佛永远走不到头，我隐隐觉得自己是不是被骗了？难道这就是传说中激流喷涌的虎跳峡？好在，途中除了平淡的金沙江，还有雪山融水形成的瀑布，飞珠溅玉，带来阵阵清凉，也稍稍缓和无聊的情绪。

当清澈的瀑布流水汇入奔腾的金沙江，很快就融入了那片浑浊的黄色中。我望着那绿色与黄色的交界线，心中只觉得好可惜啊。

走啊走啊走啊走，当瀑布带来的新鲜感快要被消磨殆尽时，我耳边传来了“轰隆隆”的响声，好像是春雷滚滚。直觉告诉我，虎跳峡要显出它的真面目来了。果然，一个接一个的漩涡与险滩出现。当我疯狂拍照的时候，管理员微笑着示意我说：“这才开始呢，好看的在前头。”

终于，我来到了虎跳石。好吧，我承认，虎跳峡果然不是虚名。

白塔寺剃头事件

在小慢的住处，可以眺望到一座白塔。于是，我们就出发了。

这座白塔在丽江城郊，还没有成为开放的景点，自然也就没有公车可以到达，而作为穷鬼，首选工具自然还是自行车。在冬天的丽江，骑车是一件非常幸福的事情：阳光是暖的，风是暖的，空气也是暖的。绿色的庄稼洗亮眼睛，玉龙雪山如影随形，而且，玉龙雪山居然有雪了！

租车地点：红太阳广场。
价格：10～15元/天。

玉龙雪山　海拔：5596米

玉龙雪山上看不到雪已经很久了，是因为气候变暖，还是开发过度？总之，我从没感觉到这是一座雪山。

今天，我终于看到了有积雪的玉龙雪山，真是美呆了！

人类，还是尽量少一点去打搅自然吧！

白塔寺

白塔的正式名称应该叫东宝尊圣塔。
它建在城郊的蛇山上，爬过长长的上坡路，就能看到一座崭新的藏传佛教寺庙。外观并无特别，却有着极其牛掰的历史，最早可以追溯到释迦牟尼时代，就已经在此建塔了。它在丽江人民心中是很神圣的。

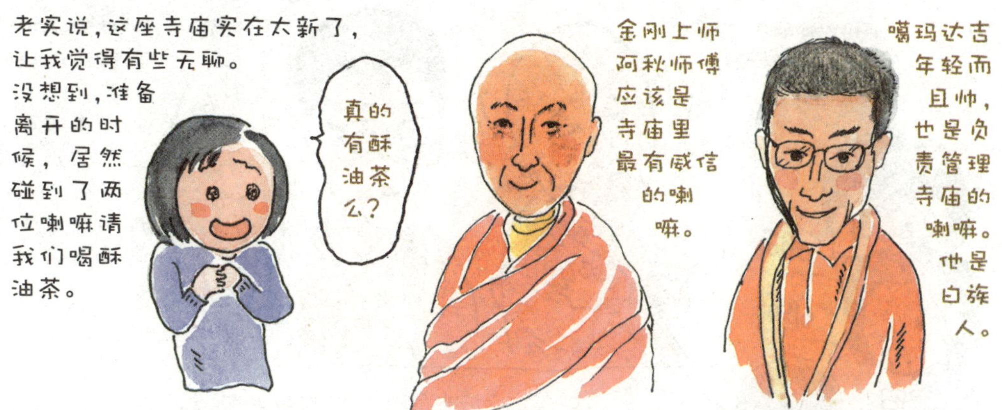

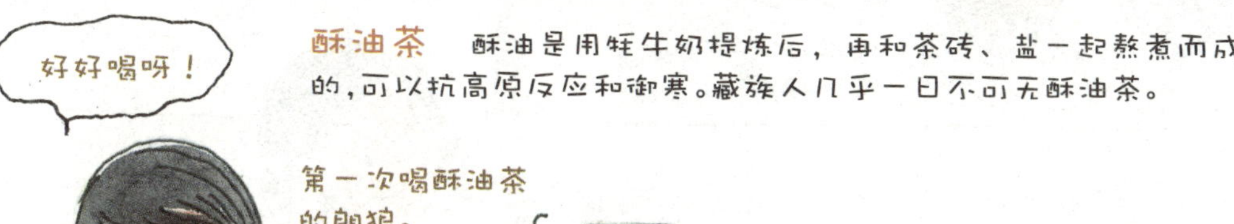

酥油茶　酥油是用牦牛奶提炼后，再和茶砖、盐一起熬煮而成的，可以抗高原反应和御寒。藏族人几乎一日不可无酥油茶。

喇嘛们送了我们好多东西：开过光的佛珠、漂亮的宣传佛教的台历。

阿秋喇嘛头也摇，手也摇，就快摇晕过去了！

很淡定。

阿秋喇嘛担心私自给小慢剃头，万一宗里来闹事，会影响到寺庙的声誉。达吉却认为是小慢和寺庙有缘。

正当气氛一片大好的时候，小慢突然悠悠地冒出来一句话。

结果，一片大乱。最终被拒了。

可是小慢这次好像真的铁了心，决定明天再上白塔，非把头剃了不可！

走火入魔的小慢。

我们一致认为小慢是心血来潮。

当我试探性地建议："我们去找一家美发店剃头算了。"结果……

第二天

一清早就被小慢叫起来了。今天有新人加入我们这支不靠谱小分队，他是昨天晚上我们在古城认识的白族帅哥玉龙。

事情是这个样子的：每到夜晚，古城的小广场上总有很多人在跳纳西舞蹈，玉龙是舞蹈人群中跳得最出众的一个。

玉龙听说小慢要剃头，一个劲地阻止，却又决定第二天要和我们一起去白塔寺。

两个惜发如金的男人，郁闷地躲在一边。

男性和女性对于剃头的不同反应：

其实女孩子偶尔也会想把头发剃光，这样的想法，男生大多想破脑袋也想不明白，于是就出现了这样的情况：我拿着相机跑来跑去，两个男生躲得远远的，看都不愿意看一眼。

阿秋师傅去外地了，达吉师傅同意给小慢剃头了。引导我们进了大殿，燃香磕头。

之后，
剃发正式开始了！

剃发开始。
地点：僧侣住宅前的空地。先用一块大红的丝绸裹住身体，然后……
小慢后来跟我说："师傅剃完第一刀，还问我后不后悔。我想，你都剃了，还问什么呀！"

应小慢要求，帮她拍了最后一张长发的照片。

眼见着青丝一缕缕落下，
望着这专注的两个人，
好奇心渐渐退去，
感动的情绪滋生。
我突然觉得小慢那句
"要在白塔寺剃头才有意义"
的鬼话说得有点道理了。
如果在美发店里，
应该不会有这么美的画面吧？
简单的剃发，
变得充满
仪式感，
仿佛是要完成
人生的一次
蜕变。

太可惜了！

好漂亮！

太好看了！

一点都不好看！

当最后一缕头发落下，
小慢就成了一个标准的光头了。
围着这颗新出炉的光头，
众人纷纷发表意见。
我艳羡不已。小慢剃头后，
突然由平凡的文静女生蜕变得
超有气质，活脱脱一个俊俏小尼姑。
要不是尚存一丝理智，
知道自己头型极差，
我一定奋不顾身地也剃光光。
当然男生们都不是这么想，
倒是一群小喇嘛围着小慢赞美道：
“头真圆啊！”

小慢皈依记

剃完头，还处在晕乎乎的状态中的小慢，就立刻被达吉师傅劝说皈依了。其实，原本她只是想剃个头而已啊，或许这个就是佛缘吧？

皈依的地点，在达吉师傅的房间里。师傅的房间不大，但是很整洁。
而且，居然有一种很温馨的居家感觉，非常舒适。
由于白塔寺是噶玛噶举派的寺庙，所以师傅传授了小慢一些本派的知识，可是之后小慢只记得本派的大宝法王非常帅这件事了。
而我唯一听明白的是小慢以后要遵守的戒律：
不杀生、不偷盗、不淫、不妄语、不饮酒……
我自问一下，好像除了打死蟑螂之外，我平日里也大多做到了。
我想，即使不入佛门，也应该遵守这些戒律的。

持有皈依证，去国内的佛教圣地都不用买票了！

虽然好想要一个皈依证，可是，对于死心眼的我来说，一定要确定自己真的全心信仰，才可以皈依啊。

嘻嘻……又赚了……　　达吉师傅送给我们的……

不会裹，折腾了半天，只好当披肩了！

经过师傅指点，果然穿得很好看。

喇嘛的坎肩

小慢这种造型，让我想起早年看过的一张溥仪骑车的照片。

小慢兴高采烈地顶着这个亮闪闪的新头回到古城，吓倒了一批人。除了我的大力赞美，其他人都觉得她还是长头发好看呢，从此大家直接叫她“尼姑”了。达吉师傅晚上还专门打电话安慰她，怕她剃了头伤心。殊不知，她乐在其中，我们在一起度过了好多快乐时光。几天后，我去了香格里拉，而她开始了用一年时间走遍亚洲的计划。

我说，你出一本书吧，名字就叫《剃个光头去流浪》。

因为记忆太美好，
所以有了这次固执的冬游香格里拉。
即使被所有人劝阻，
拿零下30度的严寒来吓唬我；
即使我早知道现在是香格里拉
最不适合旅行的季节，
我还是固执地要上路。
只为了看一眼，
冬天的香格里拉。

我看到了完全不同于
8月里的香格里拉，
却是一样的令人心动。
我想，春天和秋天的香格里拉
我还没有看过呢。
想必，不久之后，
我又要回来了。

重返香格里拉

地图上绘制的景点，属于大香格里拉的范畴。

重返香格里拉

“香格里拉”是一个美国人创造出的名词，源于一本1933年的畅销书《消失的地平线》。书中讲述了几个英国人无意中来到了一片土地和平宁静、人与自然和谐相处、各种宗教并存、幸福安康的人间仙境。老实说，我觉得这本书写得很烂，唯一的贡献是它为英语创造了“世外桃源”一词：Shangri-la。

在1000多年前的藏文典籍中，一直存在着一个香巴拉。它是一个隐藏在雪山中的神秘王国，双重雪山围绕，如同八瓣莲花。那里的居民富足和乐，不执、不迷、无欲，历代神圣国王，为未来的世界保存了良知与文明的有生力量。可是香巴拉不是普通人可以随意抵达的，要想进入香巴拉，行者须作艰苦长久的精神修行，才能找到前往香巴拉的道路，这也是藏族人一生追寻的地方。

如今，曾经叫中甸的小县城被改名叫做香格里拉，一时间游人如织，繁华了起来。据说当年为了争夺香格里拉的名号很是有一番苦战，直到现在，四川稻城还是很不服气。香巴拉有一天变成了发展经济的工具，叫人很是感慨。让我下决心去香格里拉的动力，源自天涯上的一个帖子《香格里拉每日生活》，那是一个大学毕业没多久便在香格里拉开客栈的男生写的帖子，讲述了生活在传说中的圣地中的喜悦与烦恼。虽然客栈现在早已易主，这个男生也重归了大城市工作，可是很感谢这篇文章把我带到了香格里拉。

我去过很多风景极美的地方，每一次都会想下次再来，可是真正能够去了又去的地方少之又少。我想，我对香格里拉的喜欢有点疯魔了，所以会在萧条的冬季重返这里。虽然所有的人劝阻我：那里冬天会大雪封山，那里的冬天什么都没有，一点也不好看。连在月光古城开客栈的人都撤回温暖的地方了，我还是执意要去，只是想看一眼冬天的香格里拉，一眼就好。

交通

虽然是传说中的香巴拉，交通还是很方便的。可以从昆明乘坐飞机直达香格里拉，也可以乘坐大巴。在丽江也有很多班车前往香格里拉。

住宿

香格里拉县城有很多宾馆。古城里有很多各有特色的客栈，老房子改造的客栈虽然条件不是顶好，但是更能够贴近香格里拉的脉搏。

月光古城

月光城这个名字总让我想到《大话西游》里的月光宝盒。那应该是和时光有关的一个地方吧?

在香格里拉有一座始建于唐朝的“独克宗”古城,它最初的意思是“白色石头城”,现又被人们叫做月光城。

从丽江古城来到这座月光城,有很多游人会失望。因为相比起繁华似锦、热闹非凡的丽江古城,这里显得萧条而落寞。游客们大多把这里当做前往梅里雪山的中转站,只是匆匆地穿城而过。可是,如果你在这座古城小住上几天,或许你会发现月光宝盒悄悄开启,1300 年的时光悄悄流转,将你带回昔日的茶马古道。

月光城面积不大,与其说是城,倒不如说是一个小村庄更合适。这里还没有被商铺和客栈挤满,也没有太多的游客,原住民们还有不少。古城的巷道狭窄,巨大的青石板光滑异常,还留有昔日马帮的蹄印。沿着小小的四方街深入到古城中心,皆是古朴大气的藏式民居。这里的民居是藏式碉楼式和纳西干栏式建筑的混合风格,由巨大的未经雕琢的粗大原木支撑,朴拙有力。入夜,无论在古城的哪个角落,都能看到金灿灿的镏金纯铜转经筒在龟山之上被人们虔诚地推动。即使没有月亮,转经筒的光辉也照亮了整座古城。

虽然我希望有更多的人能感受到月光城的美妙,却又有点希望它被遗忘,实在不愿意它变成第二个丽江古城。

推动转经筒其实是一种诵经的方式。转经筒上刻着的六字真言，随着转动仿佛在被一遍遍诵读，能被天上的神灵听到。我并不太在乎神灵能否听到，只是因为在丽江时认识的白族帅哥玉龙自夸可以独自转动香格里拉高21米、重60吨的大转经筒，便决定也要去试一下。

滇藏驿站·一地狗毛

在天涯论坛上曾有一个火热的帖子叫《香格里拉每日生活》，作者是一个在月光古城开客栈的男生。因为帖子太好看了，我决定到香格里拉来一定要住他家。客栈的名字叫滇藏驿站，很好找，就在转经筒下面，是一栋古老的藏式宅子。不过，在享受它古朴的韵味之时，也要忍受它的不便。比如没有标间，厕所离得比较远，水管漏水，偶尔洗不上热水澡，等等。可是，那是我住过的最难忘的客栈，因为特别的老板和特别的狗，在那里，我度过了那次云南之行中最快乐的日子，我感觉到了真正的香格里拉。世外桃源不存在，可是心灵的桃源一定要有。

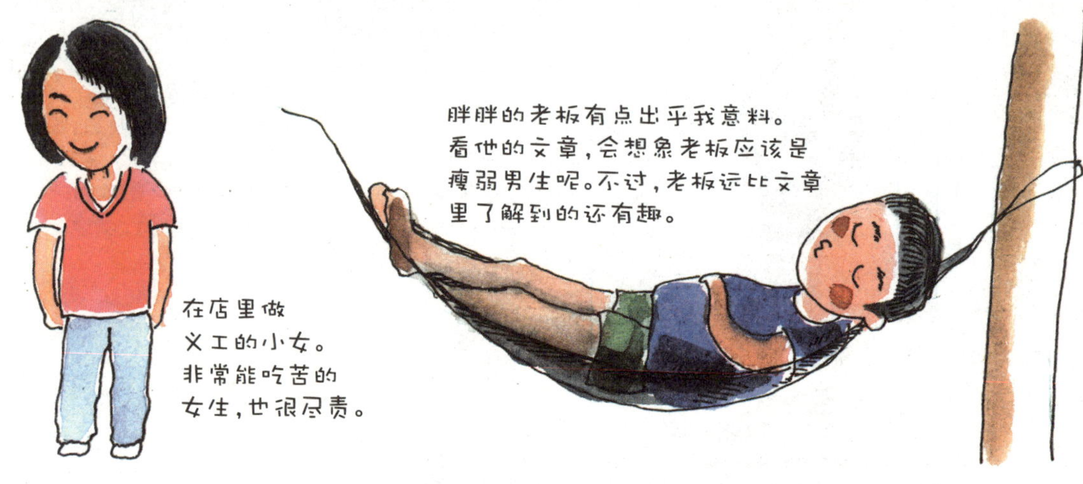

接下来出场的才是这家客栈真正的主角，狗狗们！

Lives

年纪最小的Lives，
毛特别软，很黏人，出门
散步累了就想人抱。

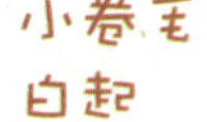

白起原本
是战国时候
秦国名将
的名字。
它倒是真
的秉承了好战
的个性。

见谁都叫，
就是见我不叫，
这就是缘分！

露娜

中转站
客栈的狗。
非常漂亮
斯文的
牧羊犬。

跟随
主人
从上海
来这里开
客栈。

饼干是一条漂亮的哈巴狗，
身材娇小，年纪却很大了。
据说很狡猾，也很有领导
能力，是古城
狗狗们的小头目。

饼干暗恋露娜很久了，每天都会在
露娜的家门口等她。只可惜露娜的
老爸看不上他，偷偷跟我说饼干
不自量力。可是，即使草狗也有
追求幸福的权利啊！

我们干了一件很不靠谱的事，
给饼干扯白布胡乱缝了一件
衣服，衣服上写上了客栈的
名字和联系地址，让它出门
揽客。结果客人一个没带回来，
熟人倒是络绎不绝来凑热闹。

重返月光古城，第一件事情就是去看曾经的狗狗们。
但是如今的滇藏驿站换了老板，狗狗们也不知去向了！

松林里有很多宝贝哦！就看你找不找得到了。

采蘑菇

雨停了，我们采蘑菇去！

下了一夜的雨，空气好清凉。小女说下雨了，蘑菇应该长出来了。我好激动，因为从小就唱“采蘑菇的小姑娘”，却从没见过蘑菇在自然中生长的样子。

松林里看上去只有褐色的土地和掉落的松枝，哪里有蘑菇的影子？小女捡了一根树枝，拨弄着松树根部的浅土，然后，蘑菇精灵们就出现了！

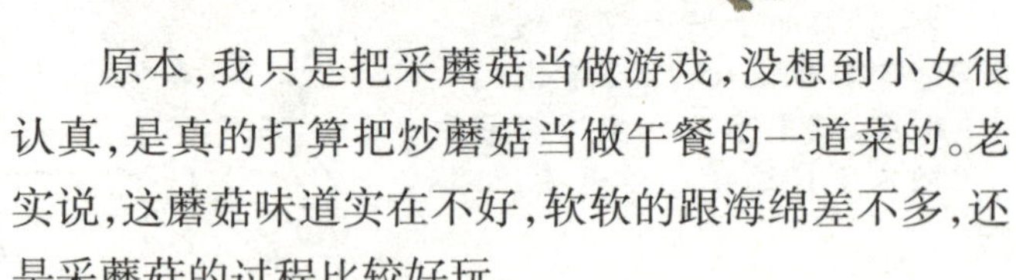

蘑菇们躲藏在树根附近的落叶下，发现一个就能找到一小片，因为它们是群居的。

原本，我只是把采蘑菇当做游戏，没想到小女很认真，是真的打算把炒蘑菇当做午餐的一道菜的。老实说，这蘑菇味道实在不好，软软的跟海绵差不多，还是采蘑菇的过程比较好玩。

友情提示：蘑菇种类很多，有一部分是有毒的。一定要让当地人确认过之后再食用。

香格里拉小蓝花

在香格里拉的山坡上，盛开着无数细小美丽不知名的花朵，其中最美的是这种蓝色的小花。花瓣是一种质朴的蓝色，并不张扬，静悄悄地开了又谢了。小女有备而来，带了剪刀，采了一大把（这种小花根茎硬而有韧性，用手拔的话会很痛），带回客栈。只是随意一插，客栈里便多出了草原的气息。

这种小野花并不是百合那样华丽却只能短暂盛开的花朵。等到枝干干枯之后，只要把它放在云南的阳光下晒几天，就变成了可以长久绽放的干花。

我不知道这蓝色的小花朵叫什么名字，就干脆把它叫做Shangri-la好了。

月光城并不是毫无烦恼的桃花源，大城市的烦恼这里一样不缺。可是因为有这些山坡上的小蓝花，我还是觉得这里就是香格里拉。

松赞林寺

噶丹松赞林寺始建于1679年，是云南省最大的藏传佛教寺庙，据说它的地位就相当于西藏的布达拉宫。去过布达拉宫之后，我觉得两座寺庙没有什么可比性。比起布达拉宫的庞大建筑群来，松赞林寺只能算是个形制相同的迷你版。可是布达拉宫已经没有僧侣在其中生活、学习了，是个堆满了珍贵文物的博物馆。而松赞林寺却是充满了人间烟火味的，它和周围的藏族村落融为一体，能够看到喇嘛们和藏民们平凡的日常生活，使原本严肃而神秘的宗教一下子变得亲切多了，这一点倒是很像西藏的甘丹寺和色拉寺。我喜欢松赞林寺充满生活气息的宗教感。我觉得宗教既然是要普度众生的，就应该与普通人贴得近一点。

藏传佛教寺庙的管理结构大致相同，都分为三级：

1. 米村。米村是最基层的单位，由小喇嘛、指导学习经典的经师、监护品行的轨范师、师叔、师兄弟等组成，他们可能既是师徒，又是亲戚。

2. 康村。康村是中层单位，由若干个米村组成，一般带有地域性，大的康村有几百个喇嘛，小的康村只有几十个喇嘛。

3. 扎仓。扎仓就是僧院，由若干个康村组成，不同的扎仓，既有地域的差异，也有修习方法的不同。扎仓的住持叫堪布。

寺庙中最辉煌的建筑叫错钦大殿，也就是大经堂的意思，是整个寺庙喇嘛集结的地方。

一般的游览顺序是先参观错钦大殿，再去下面的扎仓、康村等。可是当年的我莫名地去追逐一只脏兮兮的小猪，结果就直接绕到迷宫一样的扎仓、康村里去了，那里是我在松赞林寺最喜欢的地方。

怀抱着对友善的喇嘛们的好印象，这一次我也想再去那里看看，可惜短短几年间，门票从30元暴涨到80元，直逼布达拉宫的100元了，收费点的人还专门上车轰人下去买票，一切的感觉都被破坏了。我只能下车，在空荡荡的草地上眺望了一下松赞林寺的金顶，也再次缅怀一下从前的松赞林寺。

为了追逐一只小猪，我无意中闯入了一个扎仓的厨房，开始了在松赞林寺的游荡。一个年纪很小、面目清秀的小喇嘛叫住我，请我喝茶，还给我吃奶渣。这是我第一次跟僧侣打交道呢。

这种白白的、软软的片状物叫奶渣。藏区有各种各样的奶制品，口感也相差甚远。

估计是我当时露出了馋相，他才拿给我吃的，味道……不习惯。

在藏区，
总是会被热烈
的红色所吸引。
喇嘛的僧袍是
偏紫的暗红，
每户的大门
是朱红的颜色，
艳丽的花朵
是火红的。
这些完全不同
的红色交杂在
同一空间中，
却如此和谐。
也只有藏族人，
才是运用红色
的大师吧？

殿堂里有画师在画壁画。藏传佛教的宗教绘画非常繁复，光是卷曲的云、山的棱角就已经画得要累死人了。

壁画其实并不是直接画在墙壁上的，而是先在墙上裱好布，再画到布上。所用颜料多是矿物质颜料，所以格外艳丽，可以保存很久。但是现在矿物质颜料价格太高，也将丙烯颜料掺在里面一起用了。

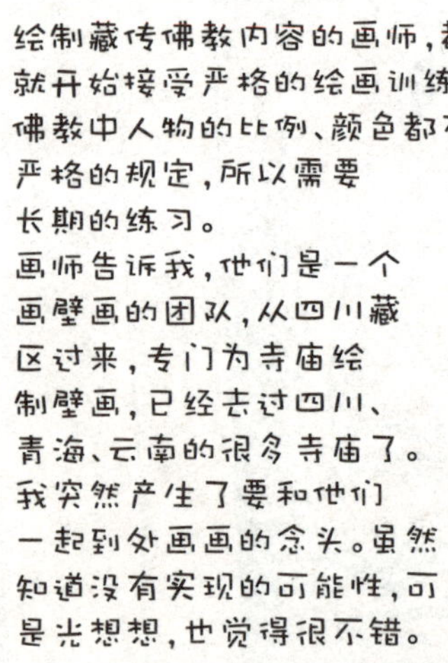

绘制藏传佛教内容的画师，都是从小就开始接受严格的绘画训练的。藏传佛教中人物的比例、颜色都有严格的规定，所以需要长期的练习。

画师告诉我，他们是一个画壁画的团队，从四川藏区过来，专门为寺庙绘制壁画，已经去过四川、青海、云南的很多寺庙了。我突然产生了要和他们一起到处画画的念头。虽然知道没有实现的可能性，可是光想想，也觉得很不错。

仗着曾学过画画，斗胆要求试一下，才发现国画的底子已经全忘了，画不出流畅的线条了。

手一直抖啊抖，好丢脸啊。

松赞林寺前有一大片湖泊和草地。不知从何时起，藏区兴起了在寺庙门口建造不伦不类的广场，幸运的是，有这大片湖泊阻挡了广场的兴建，保留了自然状态下的松赞林寺。

我最喜欢这片草地。原本还为自己没有赶上杜鹃盛开的季节而遗憾，却发现7月的草地是无名野花们的party。它们虽然细小，却种类繁多，大多是我从没见过的，好像夜空中的星星，虽然渺小却很闪亮。游人们大多直奔松赞林寺，却忽略了这片漂亮的绿色织花地毯。

我躺在花丛中偷偷打了个滚，突然想到压到花花草草们也不太好，就老老实实坐着看风景了。只是有一点点遗憾，没人分享这个小小的惊喜。突然，花丛中钻出一个戴着粉红色帽子的女生，跟我打招呼说："好美啊。"我回她："是呀，太美了。"然后她骑车走了，而我也去赶班车了。

比梦更美普达措

普达措完全是一场出乎意料的惊艳之旅。老实说，去普达措之前，我对它一无所知。只是因为一个有点无聊的下午，遇到一对想去那里的小夫妻，才有了这一段机缘。我想，只要普达措不被破坏，我会一去再去。

普达措是我国第一个国家森林公园，是一个面积 1313 平方公里的原始而神秘的世界。它的名字是梵文音译，意为“舟湖”，用藏语解释就是“神助乘舟到达湖的彼岸”。从名字就不难猜到，普达措一定有极美的湖泊，那就是属都湖和碧塔海。围绕着这两个湖泊的是大片的原始森林和高山牧场，半湖青山半湖水，偶尔有奔腾的马群和牦牛群稍微打断一下宁静的节奏。每年夏季，牧民们就把牦牛和马赶到这些高海拔的牧场。据说并不用牧民们操心，它们会自行完成恋爱、生育的全过程，等到秋季，就会拖家带口回家了。

在普达措的广袤森林中，还有零星的藏族村落分布着。其中有一个叫尼汝的村庄，有藏民自豪地说：“那才是真正的香巴拉。”香格里拉有太多隐秘的胜景等待人去探索。可是我又担心，那些地方一旦被展现在世人面前，又等于是终结了那片胜景。真是好矛盾啊！

在普达措不仅能欣赏到高原湖泊、森林、草场共同营造出的半湖青山半湖水的美景，还能深刻感受到各个物种间神奇的和谐。

绝妙的生物链

松萝 → 冷杉 → 金丝猴

1. 松萝是一种特殊的地衣，大量生长在冷杉林中，靠吸收冷杉的营养为生。松萝过多，将造成冷杉因营养不良而死亡。

2. 松萝是金丝猴的食物，正好帮助冷杉清除这些吸血鬼。寻觅食物的金丝猴无意中就维持了森林的生态平衡。松萝依冷杉而生，金丝猴以松萝而活，冷杉也正因为有金丝猴抑制了松萝的生长而茂盛。

高原牧场上的花花草草们……

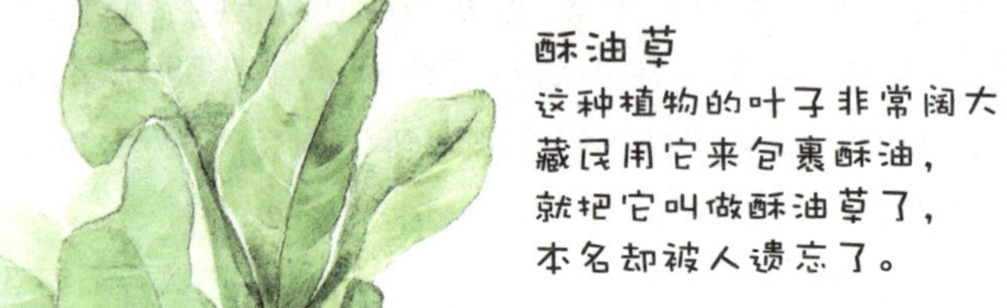

酥油草
这种植物的叶子非常阔大，
藏民用它来包裹酥油，
就把它叫做酥油草了，
本名却被人遗忘了。

鸢尾
紫色的鸢尾
是草地的精灵。

这种小花
有艳丽的
玫红色斑点，
让人怀疑
是有毒的。

中国有太多名不副实的景点，
出售高额的门票。
曾经在豆瓣网上看过一个帖子：《那些门票超贵，
但是你还会再去的地方》，
我郑重地回贴：普达措。

普达措是一个比梦境更美的地方。因为它，
我相信传说中的香巴拉是真实存在的。
我希望可以看到普达措新草萌芽的春季，野花遍地的夏季，
色彩斑斓的秋季，甚至荒凉萧索的冬季。
于是，几年后，我又回来了！

友情提示

1. 交通：普达措距香格里拉县城22公里，最便捷的方式是包车前往。在香格里拉客运站乘坐班车，一日有两班，时间上有点不好控制。最自由的是骑自行车，不过有好多上坡，真的好累啊。

2. 普达措面积非常大，要乘坐环保车游览，中途会停靠几个点。不要轻易徒步露营，因为森林中有黑熊等猛兽。

3. 普达措那么美，请好好保护它，不要乱扔垃圾，不要吸烟。

除了向这大自然的奇迹
鞠躬，我还能怎么表达
我无限的敬意呢？

冬天的香格里拉
LET'S GO!
执意要来香格里拉，有很大一部分原因是几年前对于普达措的美好印象。这一次，我决定从月光古城骑车到普达措。7月里这条路两边油菜花正开得灿烂，冬天，会是什么样子呢？我隐约记得普达措离古城很远很远，所以并不确定自己是否能骑到，可是不管啦，先骑着再说。

藏式房屋前躺着的是猪不是狗。
看门猪？

小藏猪跑得飞快，在我的怂恿下，朗狼企图跟小猪一比脚力，结果落败。

高原果然不适合奔跑。
我好像“高反”了！

眼神好邪恶！
友情提示：香格里拉的牦牛可不是温顺的宠物，真的会顶人的，所以千万不要挑逗它们。
我们好像被包围了。
还是赶紧撤吧！
居然发现牦牛牙齿！
你确定要这个么？
嗯嗯，我要。
牦牛下腭
这个疯女人。
哼，敢过来试试！

骑车的美好在于途中的惊喜。这一次骑行最大的惊喜是途中这个冰封的蓝色大湖，它的名字叫桑耶湖。我第一次看到结冰的湖，一路狂奔冲了过去。
结冰了哎！
牦牛脖子上的铃铛声。
叮铃
叮铃
叮铃
好好听啊！
抓着湖面上的小碎冰，惊叹不已，让来自东北的朗狼很无奈。

来了3个藏族人在讨论着什么。

其中一个人用一根
粗木棍用力捶打冰面。

是在抓鱼吗？
我们是来放生的。

啊！我弄错了！
他们随身带的桶。

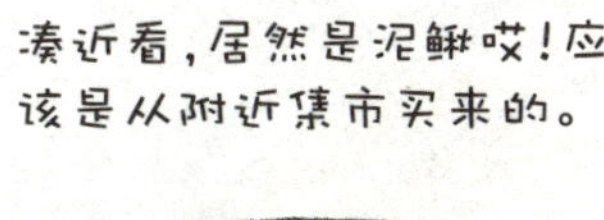
凑近看，居然是泥鳅哎！应
该是从附近集市买来的。

他们经常开车来这里放生，泥鳅
活泼泼地跳进了水里。我很感慨
地想：藏族人真的好好啊！

唉，骑不动，
只好下车推。
对骑车的人来说，最可怕的是无尽的上坡。
而这条路，正是由无数上坡组成的。
我们不会永远都上坡吧？
一定会有下坡的。
在高原上骑车非常累，大腿尤其酸痛得厉害，上坡更是吃力！
下坡好爽啊！
真的活着见到下坡了！
真的是下坡哎！
唉，上坡的痛苦和下坡的快乐是成正比的。真希望自己可以是变形金刚，上坡的时候自行车就缩回身体里，下坡的时候轮子就伸出来了！

归途中，夕阳下，温暖的褐色大地染上柔和的金色，远山苍茫一片，微微发紫。藏式的房子有着艳丽的朱红色，这是一个温暖的冬日。

静静地坐一会儿，永远记住冬天的香格里拉。

梅里往事
是卡瓦格博山脚下的一座小酒吧。
酒吧里终日播放着一部
叫《卡瓦格博》的纪录片，
讲述卡瓦格博的前世今生。

从酒吧的窗口凝视这座巨大的雪山，
我好像也变成了这段往事中的
一粒小尘埃。

这座神奇的雪山，
有一种魔力，
让人不由自主就拜倒在它的脚下。

虽然我对神灵的有无并不能确定，
可是对大自然的神奇，
却是充满敬畏的。

梅里往事

万水千山走过

几年前的那次云南之旅，我到了香格里拉之后，就乐不思沪，根本不想挪窝。去梅里雪山的计划总是没有动力付诸行动，因为我有一些害怕，我从来没有去过雪山，想象中那里是极度严寒的不毛之地，一定是非常艰苦的旅程。要不是一名认识的司机介绍我加入他接待的一个散客团，我想我大概要放弃梅里了。

这个散客团是从丽江出发的，有几组人马，配有一个导游，是个非常松散的组织。而我这个最后加入的旅客，只有在最后一排大家堆放杂物的椅子上就座了。在导游的忽悠下，大家纷纷租了羽绒服，买了氧气罐。这可是苦了我，从清早 8 点到晚上 6 点半，10 个多小时的路程，我都被一堆羽绒服包裹着，热得透不过气来。

独自一人坐在最后一排位子上，挤在一堆羽绒服中，好热啊！

交通

从香格里拉到梅里雪山有 190 公里。如果坐班车，很难在途中美丽的风景中停留，除非有足够的时间一段段地坐，所以包车是最好的选择。也可以和我一样，选择散客拼起来的旅行团。当然，也是受限多多，下一次我一定不会再选择这种方式了。

路线

当汽车驶出香格里拉，马上就进入了崇山峻岭中。道路不再笔直通畅，而是无尽的盘山路，极其颠簸。途中几乎处处都想停留：金沙江大拐弯、奔子栏、东竹林寺、尼西乡、白茫雪山、德钦县城……

金沙江大拐弯

香格里拉——70公里——奔子栏——6公里——金沙江大拐弯

金沙江大拐弯其实位于四川省得荣县子庚乡，但欣赏它的最佳地点却是在江对岸云南境内奔子栏去梅里雪山的路上。

这就是从香格里拉通往稻城亚丁的道路。

这个大大的拐弯学名叫"金沙江曲流"。据地质学家说，欧亚大陆板块和印度板块漂移了300多万年，最后就在这里相撞、相会，眼前的金沙江大裂谷就是这两大板块的拼接线。我看不出那板块拼接的玄妙，只能想到一个用烂的成语"鬼斧神工"。可是，还有比这个更合适的形容词么？

特意去买了一个西瓜，这样晚上就可以一边看雪山一边吃西瓜了。我怎么就这么聪明呢！

奔子栏是当年走茶马古道的马锅头们翻越白茫雪山前的最后一个补给和休息站，现在是我们这些游客到达梅里雪山前的最后一个可以吃到大餐的地方。

突然很想吃鱼，可是因为是一个人，觉得有点浪费，所以还是放弃了。后来才知道，这一带的藏民有水葬的习俗，幸好没有吃鱼。

白马雪山

我见到的第一座雪山

我承认，我很没见识。白茫雪山是我见过的第一座雪山。当我从车窗探出头，看到隐约的一点点白雪时，就忍不住欢呼起来，状如花痴。

夏天的雪山，积雪不多，还总有云雾环绕。不过我还是很满足。

雪山附近有一座赤红色的山脉，几乎寸草不生，看上去十分像火焰山。

白茫雪山大家更习惯叫它白马雪山。也许在冬季的时候，它真的会像披着银色铠甲的白马王子。我见到的白马雪山，只有一点点积雪，可是雪山下清冽的空气，高山草甸的土绿色，树林的深绿色，山石的灰蓝色，渐次递进，有含蓄深沉的美。

我站在4210米的雪山垭口上，正暗自得意，却看到骑着自行车的老外艰难骑过，不由得羞愧起来。

不要忽略草甸上这些矮小的灌木，看起来虽不起眼，却在每年6月开出漂亮的杜鹃花来。

白茫雪山的垭口有一些小藏獒，虽然才几个月，体型也不大，却凶猛异常，即使被拴在树上，也不断向陌生人扑去。我胆战心惊地拍了几张小藏獒的照片，吓出一身汗，再加上看到雪山又喊又叫的兴奋，不一会儿，就开始觉得天旋地转起来。

莫非……难道……

这就是传说中的高原反应？

感到头疼的不只我一个，同车的一个上海女生已经开始吸氧了。其实，我也好想吸啊！

高原反应

人由平原进入高原地区后，机体在短时期内发生的一系列缺氧表现称为高原反应。比如头疼、四肢酸软、疲劳，甚至还有呕吐……高原反应是很神奇的事情，并不会因为你年轻、健康就会放过你。

从香格里拉出发的时候，我完全没有想过自己真的会出现高原反应，只是象征性地买了几粒红景天胶囊和一罐氧气，一路上还嫌累赘，没想到真的中招了。

便携式的小罐氧气，使用很方便。

友情提示

虽然我头很痛，很疲乏，可我还是强忍住了，没有吸氧。因为吸氧是会产生依赖性的，接下来还有海拔更高的梅里雪山等着我，所以我决定把氧气留到最需要的时候。

梅里煨桑

我们的车翻山越岭，正当我感慨把一辈子要看的山都看完了的时候，梅里雪山到了。驶过13座高大的白塔，就是梅里雪山绵延的山脉了。耀眼的云团遮住了峰顶，可是那雄浑的气魄还是震得人心肝乱颤。

面对雪山，许多藏民在点燃一些树枝，阵阵烟雾升腾，有好闻的香味。其实我是很久之后才知道，这叫做煨桑。

出售松柏的枝叶和白酒的小摊。

煨桑

是藏民生活中最日常也最重要的一件事。无论是在寺庙，还是在神山圣湖，甚至每一户居民家中，都有煨桑炉。每天清早，藏民们要做的第一件事，就是用洁净的手燃起桑烟。佛经上说，神灵是不食人间烟火的，可是闻到桑烟之香味便宛如赴宴，所以煨桑是献祭神灵的一种方式。

虽然我当时并不知道藏民们为什么要这样做，却也企图学他们的样子去把松柏枝叶扔到煨桑炉中点燃，没想到居然差点被烫到手，遂放弃。

没能为梅里雪山诚心地点燃一次桑烟，是我最大的遗憾。

天奈的景观房

莫名其妙地要了一间昂贵的雪山景观房，结果一进房间就差点被直面的雪山耀眼的光辉刺伤了眼睛，其实那是云团和强烈的阳光所造成的。

没办法，只好拉上厚厚的窗帘，隔绝窗外刺目的光线。心里好冤啊，这是我第一次住这么贵的房间呢。原以为可以躺在床上看雪山，谁知道眼睛都差点瞎了！

天黑了，拉开窗帘向外张望，黑漆漆的，什么也看不到。郁闷地关灯睡觉。也不知道为什么，鬼使神差地往外又看了一眼。天哪，满天的繁星，皎洁的雪山。一时喃喃自语起来：“怎么会有这么多星星，好像麻子一样啊！”

景观房终于值回房价了！可是不用景观房也一样能看到星星吧？

梅里往事

在梅里雪山前有一家小酒吧，名字叫梅里往事。
酒吧里不断放着一部纪录片，名字叫《卡瓦格博》。
我看着看着，突然汗毛倒竖，渐渐对这座原以为
不过是风景名胜的雪山有了全新的认识。

原来，在藏人的心中，梅里雪山的真正名字叫卡瓦格博。它是康巴藏区最伟大的神山，藏人称它为“阿尼卡瓦格博”，意思是“卡瓦格博爷爷”。远在佛教尚未传入藏区的时代，卡瓦格博便是当地的苯教神山。传说卡瓦格博被莲花生大师所收服，皈依了格萨尔王，现在它是藏传佛教信徒心中最神圣的雪山之一（天哪，藏区几乎所有神奇的事情都和莲花生大师有关系）。

随着茶马古道的衰落，远在深山之中的德钦一带似乎成了被世界遗忘的角落。当地藏民按自己的方式生活着，维护着这座世代敬仰的神灵的寓所。直到1991年发生了一场山难，才使卡瓦格博为世人所瞩目。

梅里雪山大事记

1. 1987年，日本人向中国国家体委提出攀登卡瓦格博。那时候，云南体委的人问北京：“卡瓦格博在哪里？”当年8月，当村民们得知有人要爬到卡瓦格博的山顶上去时，开始了强烈的反对。

2. 1990年冬，中日联合登山队出发了。在飞来寺，成千上万的喇嘛以及藏民在飞来寺祈祷登山队不要登上卡瓦格博。信仰的力量，以及各式各样的传说，让这次登山充满了宿命的意义。

3. 1991年12月28日至1月4日，雪崩发生，17名队员失踪。

4. 1996年，日方决定再次攀登卡瓦格博。村民以他们的方式捍卫神山的庄严：山上每个村庄的人全部下山，躺在路上，躺在澜沧江桥上，告诉登山队，如果要攀登卡瓦格博，先从他们身上踩过。

5. 1996年2月1日至2月6日，已经准备登顶的登山队员突然被告知有气流从印度方向移过来，吓得紧急下撤。第二次登顶宣告失败。

现在，卡瓦格博成为一座禁止任何人攀登的山峰，再也不会有人去打扰它，它将永远护佑着藏区的人民。如果可能，我希望有一天，可以跟随藏民转一次卡瓦格博。

凌晨，天空上还满布着星星，伸手隐约见到五指。虽然躺在床上就能看到雪山，可我还是爬起来，到更开阔的地方等待日出，因为我觉得和很多陌生人共同欣赏清晨的卡瓦格博更有意思。其实我心里知道，8 月绝对不是看日出的好时间，昨天云量那么大，今天应该是看不到日出的。

虽然雪山还只能看到隐约的轮廓，人们已经点燃了煨桑炉。今天的第一缕桑烟飘向天空，卡瓦格博渐渐醒来了。有人生起火堆，陌生的人们渐渐聚拢取暖，虽然没有交谈，但是彼此都觉得很亲切，因为大家都为卡瓦格博而来。

太阳果然一如所料躲在云层后面，天越来越亮，日照金山的美景完全没有出现。可是没有人发出失望的抱怨，因为被柔和的哈达云所围绕的卡瓦格博格外神秘，比起日照金山的硬朗线条来，别有一番味道。

虽然没有看到传说中最美的日照金山，可是我觉得很满足。

那一抹冰蓝色的诱惑

明永冰川

听到冰川两个字，我脑海中立刻浮现出如刀锋一般的冰柱、刺骨的寒风，于是自以为很有见识地穿上了租来的大棉袄。

结果……

明永冰川隐藏在澜沧江边一条深深的峡谷里，当地人叫它明永恰，因冰川下的明永村而得名。卡瓦格博是它的屏风，将来自印度洋的上升暖流与青海、四川南下的大陆冷空气分别阻挡在山的两侧，所以这里湿润温暖、草木繁盛，完全想不到会有冰川的存在，当然也完全不需要棉袄（完全被导游忽悠了）！

明永冰川从卡瓦格博上倾泻而下，全长 11.7 公里。要看到它并不容易。先要爬一长段蜿蜒的山路，再沿着人工修筑的栈道爬到宽阔的观景台，才能看到它的全貌。山下有马匹可以带游人到栈道下面，我的懒劲又犯了，于是骑马上山。可是老实说，舒服了腿，连累了屁股。

由于海拔太低，明永冰川经常被冰雪崩塌时气浪卷起的泥石流所覆盖，所以低处山谷里的冰川就和岩石融为一体了，看上去黑沉沉的。可是爬到栈道的高处时，眼睛就会立刻被那晶莹剔透的冰蓝色牢牢抓住，再也不舍离开了。

悬崖上的小粉花格外娇柔。

我低头追随明永冰川的踪迹，几乎忘了卡瓦格博的存在。不经意地抬头，没想到从清晨一直云遮雾绕的卡瓦格博主峰，居然就这样清晰地展现在眼前了，在纯净无瑕的蓝色天空下，纯洁又威严。

我忍不住就跪了下来，卡瓦格博就是有这样的魅力。

就用卡瓦格博的回忆结束我这次的云南之行吧。
但愿这座雪山不再被人类打扰，能够保佑藏区的人民平安幸福。

后记

其实，
几年前匆匆来过一次云南，
那是野花遍地、
绿草如织锦的夏天。
虽然如同蜻蜓点水，
却知道这是我一定会再来的地方。

这一次，
虽然只是候鸟迁徙，
为了寻找一个温暖的场所过冬，
我想，应该是冥冥之中早就定好的，
让我终于重返云南。
不仅回到我心心念念的那些老地方，
还多出了许多新的牵挂。

虽然我不知道
下一次回来会是什么时候，
不过我丝毫不怀疑，
会突然又出现神秘的契机，
让我再次重返这里。
因为，
我还没有看过这里
初春的嫩芽，
艳丽的杜鹃花，
还有秋天火红的狼毒
……

好啦，
反正我知道，
我还会再回来的！

图书在版编目（CIP）数据

飘来飘去的云：云南手绘旅行：珍藏版 / 苏三著绘. —杭州：浙江科学技术出版社，2015.4
ISBN 978-7-5341-6556-6

Ⅰ. ①飘…　Ⅱ. ①苏…　Ⅲ. ①旅游指南—云南省　Ⅳ. ①K928.974

中国版本图书馆 CIP 数据核字（2015）第 060709 号

本书中旅行地图是作者手绘完成，为旅游路线示意图，不具有正式制作的国家地图性质，不具有正式地图的准确性，仅供参考，特此说明。

书　　名　飘来飘去的云：云南手绘旅行（珍藏版）
著 / 绘　苏　三

出版发行　浙江科学技术出版社
杭州市体育场路 347 号　邮政编码：310006
办公室电话：0571-85176593
销售部电话：0571-85176040
网址：www.zkpress.com
E-mail：zkpress@zkpress.com
排　　版　杭州兴邦电子印务有限公司
印　　刷　三河市南阳印刷有限公司

开　　本　710×1000　1/16　　印　张　15
版　　次　2015 年 4 月第 1 版　　2017 年 5 月第 2 次印刷
书　　号　ISBN 978-7-5341-6556-6　　定　价　39.00 元

责任编辑　梁　峥　　责任美编　孙　菁
责任校对　张　宁　　责任印务　徐忠雷